國語國文學叢書 111

正俗諺解

학자원

국어국문학총서 111

正俗諺解 異本 三種

2019년 5월 10일 초판 1쇄 발행

저　자 : 金安國
펴낸이 : 김병환
펴낸곳 : 학자원
주　소 : 134-814 서울시 강동구 천호대로 1121
전　화 : 02) 6403-1000
팩　스 : 02) 6338-1001
E-mail : hakjaone@daum.net
등　록 : 2011년 3월 24일 제324-2011-14호

HAKJAONE Publishing Co.
1121 Cheonho-Daero Kangdong-Gu Seoul

ISBN : 979-11-6247-119-7 93810

값 40,000원

正俗諺解 解題

I

洪允杓

正俗諺解는 元나라의 王逸菴이 쓴 「正俗篇」을 金安國이 諺解하여 一五一八年(中宗 十三年)에 呂氏鄕約諺解 등과 함께 一冊의 木版本으로 刊行한 책이다.

金安國은 慶尙道觀察使로 있을 때에 政治와 敎化등에 관한 十一種의 책(童蒙須知、口訣小學、三綱行實、二倫行實、性理大全、正俗諺解、呂氏鄕約諺解、農書諺解、蠶書諺解、瘡疹方諺解、辟瘟方諺解)을 慶州와 安東 등 五邑에서 간행하여 냈는데、이 중의 한 책이 正俗諺解다。특히 正俗諺解는 鄕俗을 바르게 하기 위하여 呂氏鄕約諺解와 함께 刊行된 것이다。이러한 사실은 金安國·金正國 두 兄弟가 간행한 二倫行實圖에 실린 姜渾의 序文에서 알 수 있다。

今慶尙道觀察使 金公諱安國…(中略)…又今慶州安東等五邑 刊書籍之有關於治道者凡十一 其曰童蒙須知 正蒙養也 曰口訣小學 培根本也 曰三綱二倫行實 明人倫也 曰性理大全 崇正學也 曰諺解正俗呂氏鄕約 正鄕俗也 曰諺解農書蠶書 敎本業也 曰諺解瘡疹方辟瘟方 救夭札也…(中略)…正德戊寅三月日 晉州姜渾書于晉之東皐村舍

또한 中宗實錄에도 다음과 같은 記錄이 보인다。

同知中枢府事金安國啓曰 臣爲慶尙道觀察使 觀其道人心風俗 頹弊乃極 今者上 方有志於轉移風俗 故臣欲體至意 變革頑風 而竊思其要 取古人之書 可以善俗者 詳加諺解 頒道內以敎之 此等書冊 臣有志修撰 而第緣事務煩劇 未遑詳悉 錯誤必多 今方別設撰集廳 印出文籍 此等書使之更加讎校 印頒八道 則於淬勵風化 庶有小益也 如呂氏鄕約正俗等書 乃敦厚風俗之書也 鄕約雖載於性理大全 而無註解 遐方之人 未易通曉 故臣乃詳其諺解 使人接目便解 正俗亦飜以諺字 如農書蠶書 乃衣食之大政 故世宗朝飜以俚語 開刊八道 今亦頗致意務本之事 故臣亦加諺解 如二倫行實 臣前爲承旨時 請開刊如三綱之重 雖愚夫愚婦 皆知之 至於朋友兄弟之倫 凡常之人 或有不知 故臣依三綱行實 撰類以刊之 如辟瘟方 則瘟疫之疾 易於傳染 人多死傷 故在世宗朝 重惜人命 飜以俚語 印頒中外 今則稀罕 故臣亦加諺解以刊 至如瘡疹方 曾已飜譯開刊 而不頒布于中外 人之夭札者 多以此疾 故臣往慶尙道時賫去 刊印於本道 已頒布矣 願依成宗朝廣頒救急簡易

方例 多印廣布 傳曰 卿在其道 盡心於學校轉移風俗之事 予聞之嘉美 又復撰此等書以教之 此書皆有關於風教 其下撰集廳 開刊廣布(中宗實録 巻三十二、十三年 戊寅四月 己巳條)。

이 記録은 金安國이 慶尚道觀察使를 그만 두고 서울로 와 中宗에게 上奏한 내용인데, 앞의 姜渾의 二倫行實圖序文보다 자세하다。

위의 記録에 의하면 正俗諺解는 우선 2가지 異本이 있을 수 있다。즉 金安國이 慶尚道에서 刊行한 책과、金安國의 上奏를 받아들인 中宗이 이 책을 撰集廳에 내려 校正·刊行한 重刊本이 그것이다。

現存하는 正俗諺解로는 筆者가 아는 限 세 가지의 刊本이 알려져 있다。大邱 啓明大學 李源周 教授 所藏本과 그 이외에 널리 流布되어 있는 두 가지의 刊本이 있다。李源周 教授 所藏本은 金安國이 慶尚道에서 刊行한 책으로 추정된다。그리고 나머지 두 가지의 重刊本은 이보다 훨씬 後代에 이루어진 것으로 보인다。그래서 中宗이 金安國의 上奏를 받아들여 原刊本을 撰集廳에 내려 校正·刊行한 重刊本은 現存하지 않는 셈이 된다。이제 그 異本의 각각에 대하여 説明하기로 한다。

I。李源周 教授本

李源周 教授 所藏의 正俗諺解는 實冊을 직접 조사하지 못하고 複寫物로서만 대할 수 있었다。複寫物에 의하면, 이 책은 四周雙邊에 半葉匡郭이 세로 가로 각각 二十八㎝·十九·五㎝이고、有界에 每面 十行、註釋은 雙行인데 原文 즉 漢文은 每行 二十一字、한글은 每行 二十二字~二十六字(주로 二十三字)로 되어있다。版心은 黑口上下内向 黑魚尾인데、書名「正俗」과 張次가 魚尾 사이에 있다。이 책은 尊經閣 所藏의 呂氏鄕約諺解와 유사한 版式과 諺解 및 表記法을 보이고 있다。즉 每面이 十行인데다가 一行字數가 尊經閣本 呂氏鄕約諺解가 漢文은 十九字 한글은 二十一字内外인데 비하여 이 正俗諺解는 漢文은 二十一字 한글은 二十三字内外인 것이다。表記에 있어서도 體言의 末子音을 母音으로 시작되는 助詞나 語尾의 初聲으로 내리 적는 동시에 體言末音節의 받침으로도 적는、重綴이라는 共通된 특징을 보이며、또한 傍點이 表記되어 있다는 특징도 같다。이와 같은 특징은 尊經閣本 呂氏鄕約諺解뿐만 아니라 一五一八年 金安國에 의하여 함께 刊行된 二倫行實圖에도 共通으로 나타남으로써 李源周 教授 所藏本인 正俗諺解가 一五一八年의 原刊本일 可能性을 높여주고 있다。뿐만 아니라 版心魚尾인 上下黑魚尾들의 간격이 넓어졌다 좁아졌다 한 것이라든가

(예컨대 二十四張은 上黑魚尾와 下黑魚尾 사이의 간격이 十六 ㎝인데 비하여 二十七張은 十 ㎝이다) 一行字數가 同一하지 않다던가 粗雜한 刀刻이라던가 하는 것이 이 正俗諺解가 地方에서 刊行된 것임을 말해준다。 攷事撮要에 의하면 諺解正俗의 冊板이 所藏된 곳이 慶尙道 善山과 全羅道 南原이다。 善山에서 刊行된 正俗諺解가 一五一八年에 金安國이 刊行해 낸 原刊本이라고 한다면、이 正俗諺解는 尊經閣本 呂氏鄕約諺解와 함께 善山에서 刊行된 原刊本이라고 할 수 있을 것이다。 이 正俗諺解가 善山에서 刊行되었을 것이리라는 推定은 이 책에 나타난 表記에서도 찾아 볼 수 있다。 즉 「後에사」를 「후에사」 이외에 「훼사」로도 表記하고 있는데 이것은 「에」의 單母音化를 暗示하고 있다。 中央에서 간행된 문헌에서는 찾아 볼 수 없는 특이한 표기인 것이다。 「에」의 單母音化가 南部地方에서 먼저 실현되었을 것이라는 추측을 할 수 있다면 「훼사」의 표기로 보아 이 正俗諺解는 南部地方、특히(다른 記錄들과 연관시켜) 善山에서 간행되었을 것이라는 추측을 가능케 해 주는 것이다。

이 李源周 敎授 所藏의 正俗諺解는 다른 重刊本들에서 보이는 王至和의 序와 目錄이 빠져있다。 原刊때부터 없었던 것인지는 분명치 않다。 그러나 金安國이 같이 刊行해 낸 二倫行實圖나 呂氏鄕約諺解 등을 관련지어 본다면 原刊 때에는 序가(또는 目錄까지도) 있었던 것으로 보인다。 어떻게 해서 이 책에 序와 目錄이 빠져 있는지 알 수 없다 혹시 後刷할 때에 이 版木이 없어서 빠뜨린 것은 아닌가 하는 추측만을 할 수 있을 뿐이다。

이 正俗諺解에는 金安國의 말과 같이 잘못된 곳이 있다。 代表的인 것으로서 다음과 같은 것을 들 수 있다。

처ᅀᅥ미 거ᄉᆞᆯᄢᅥ도 내죵애 의식 화동ᄒᆞ며(始雖華也而終必和)(4a)

에서 「의식」은 「반드시」의 잘못이다。 이것은 原文에서도 確認되며 이 책을 충실히 따르려고 했던 한 異本에서 「의식」을 「반드시」로 校正하여 놓은 곳에서도 確認된다。

또한 이 책에는 곳곳에 붓으로 補寫한 部分들이 보인다。 책의 오른쪽 윗부분들에 補寫한 흔적이 많은 것은 아마도 이 부분이 腐蝕되어 있었기 때문인 것으로 생각된다。 이 補寫한 부분은 대부분이 옳게 補寫되었지만 잘못 補寫된 곳도 있다。 예컨대 2a의 1行 「ᄂᆞᆯ우터 모시ᄂᆞᆫ…일홈」 4a의 「ᄆᆡ양」、6a의 1行 「계란」 7a의 1行 「固不可以」、7b의 6行~10行의 윗부분、9b의 10行 「은혜로ᄡᅥ」、10a의 1行 「리ᄒᆞ면」、11b의 9行 「ᄃᆞᆺᄒᆞ예라」등은 옳게 補寫한 부분이다(圈點은 補寫된 部分임) 反面에 2a의 2行 「ᄒᆞ시샷다」는 「ᄒᆞ시니」、30a의 1行 「흰거붑비러라」의 「흰」은 「힌」을 잘못 補寫한 것이다。 그리고 1b의 9行 「어버 ᄌᆞ셔거」의 ○는 「신」이며、15b의 8行 「ᄀᆞᆺ게」에서 「ᄀᆞᆺ」은 필요

없는 글자를 적어 넣은 것이다. 그리고 14b의 6行 「힌도ᄒᆞ리」는 「인도ᄒᆞ리」를 잘못 그려넣은 것이다. 이와 같은 사실은 이 책을 거의 그대로 답습한 重刊本과의 比較·檢討를 통하여 알 수 있는 현상들이나, 그 이상의 오류도 있을것이다.

이 正俗諺解는 18항목으로 나누어 옛 聖賢의 言行과 古事를 들어 가르치고 있는데 그 目錄 18個 항목은 다음과 같다.

孝父母、友兄弟、和室家、訓子孫、睦宗族、厚親誼、恤隣里、愼交友、待幹僕、謹喪祭、重墳墓、遠淫祀、務本業、收田租、崇儉朴、懲忿怒、賑飢荒、積陰德

이 正俗諺解는 그 表記法으로 보아 十六世紀國語를 如實히 반영하는 것으로 생각된다. 그 表記法上 나타나는 특징을 들면 다음과 같다.

(1) ㅸ과 ㆆ은 전혀 나타나지 않으나, ㆁ은 使用되고 있다. 그러나 이 ㆁ도 ㅇ과 混記되는 例들이 몇몇 보인다.

사ᄅᆞᆷ미 얼린ᄃᆞᆺ ᄒᆞ나(4a)

(2) ㅿ이 나타나나 一部의 語彙에서는 ㅿ이 ㅇ으로 나타나기도 한다.

② 名詞……어버ᅀᅵ(1a、1b、2a、2b、4b、5b、6a、6b、18b、23b) 어버ᅀᅴ(6a、9b、22a) ᄆᆞᅀᆞᆷ미(3b) 아ᅀᆞᆷ(4a、8a) 겨ᅀᅳᆯ렌(2a) 아ᅀᆞ믈(8b、9b) ᄆᆞᅀᆞᆯ히(27b) 하나버ᅀᅵ(19a) 무ᅀᅥ비(20a) 녀름지ᅀᅵ(20b)

② 用言……가ᅀᆞ멸에(8a) ᄃᆞᅀᅡ(17a) 지ᅀᅥ(19a、26b) 빗ᅀᅥᄂᆞᆯ(22a)

③ 副詞……처ᅀᅥᆷ미(26b) 처ᅀᅥ믜(4a) 그ᅀᅳ기(27b) 몸소(11b)

④ 添辭의 「ᅀᅡ」……형뎨ᅀᅡ(3b) 후에ᅀᅡ(8b、11b)、훼ᅀᅡ(4b、5b) 화동ᄒᆞ여ᅀᅡ(6a) ᄒᆞ여ᅀᅡ(23b) ᄒᆞ야ᅀᅡ(24a)

⑤ 漢字音에서……ᄉᆡᆼ신(14a) 싈가(4b)

이들 中 ㅇ으로 變한 例들은 다음과 같다.

① 名詞……어버이(2a、3a、8a、8b、21b) 어버일(10a、17a) ᄉᆞ이(2b、3b、16a) 여름지이(8a)

② 用言에서는 ㅿ이 ㅇ으로 變한 例가 없다.

③ 副詞……처엄믜(26b)

④ 添辭에서……후려아(22a)

⑤ 漢字音에서……셩인(1b、17a) 소임믈(16a) 인졍(9b)

ㅿ이 ㅅ으로 變한 例는 찾을 수가 없다。

(3) 傍點이 나타난다。 그러나 混乱되어 있음을 보여 준다。

어버싀(1a)~어버·싀(2b) 등

(4) 「·」가 非語頭音節에서「ㅡ」로 變한 例가 많다。

사름(1a、29b…)~cf、사ᄅᆞᆷ(11a……)

(5) 語頭子音群으로서는 ㅺ、ㅼ、ㅽ、ㅳ、ㅄ 이외에 ㅲ어 보인다。

ㅺ……ᄭᅬ리(16a) ᄭᅮ이고(23b)

ㅼ……ᄯᅩ(2a、8a、16b) ᄯᅡ(1b、2b)

ㅽ……「ᄲᅳᆫ」에서만 보임、됴흘 ᄲᅳᆫ(6a)

ㅳ……ᄠᅥ니ᄂᆞ니(1b) ᄠᅳ들(4a)

ㅄ……ᄡᅳ며(22a) ᄡᆞᆯ(16a、21b)

ㅶ……거ᄉᆞᆲᄧᅦ도(4a)

ㅲ……ᄞᅴ이면(27b)

여기에서 ㅲ은 대체로 17세기초에 등장하는 것으로 알려져 있지만, 이 ㅲ은 光州千字文(1575년)에도 등장함으로써 16세기부터 사용되고 있음을 알 수 있다。

ㅲ니 시(時) (光州千字文 23a)

따라서 이 正俗諺解에 보이는「ᄞᅴ이면」은 지금까지 알려진 ㅲ 表記中 가장 이른 시기의 例인 것이다。 이「ᄞᅴ이면」을 補寫로 생각할 수 있을지 모르지만, 이 正俗諺解를 充實히 따라 版刻한 重刊本에서도「ᄞᅴ이면」그대로 따르고 있음으로 해서 補寫라는 추측은 가능하지 않을 것이다。 따라서 이 시기에 語頭子音群이 硬音化되기 시작하였음을 알려준다。

(6) 各目並書는 전혀 보이지 않는다。

(7) 体言末子音을 母音으로 시작되는 助詞에까지 덧붙여 쓰는 重綴表記가 매우 一般的이다。

① 末音 ㄱ……ᄌᆞ셕긔(1b) ᄌᆞ식기(1b) 약글(2a) 골육긔(3b) 쥬역게(5b) 등

② 末音 ㄴ……덕분늘(2a) 직분네(2a) 편ᄂᆞ로(5b) 셩인니(17a) 등

③ 末音 ㄷ……번디(14a、14b) 번듸게(15a) 번들(14a) 번디란(14a) 등

④ 末音 ㄹ……일를(6b、14a) 긔질리(7b) 형벌리라(2b) 손발를(4b) 등

⑤ 末音 ㅁ……품믈(1b) 사름믜(2b) 일홈미라(5b) 몸미(5b) 등

⑥ 末音 ㅂ……겨집븐(5b) 집븨셔(4a) 예법ᄇᆞ로(16a) 섭블(19a) 등

⑦ 末音 ㅅ……항것슨(16a)

末音이 ㅅ인 경우에는 이 重綴現象이 드물게 보임이 특징이다。

므스거슬(2a) 거시라(2a) 거ᄉᆞ로(16a) 항거시(16a) 항거슨(16a) 항거싀(16a) 거슬(13a) 그르세(8b) 등

또한 末音이 ㅿ인 것은 末子音으로 ㅅ을 쓰고 그 아래에 ㅿ를 쓰거나, 아니면 体言末言에 ㅅ을 쓰고 그 아래에 ㅿ을 쓰지 않되, 分綴表記하고 있는 바, 이 分綴表記는 15세기국어에서 特殊語幹交替를 보이는 현상과 같다。

앗ᅀᅵ(4a) 빗서ᄂᆞᆯ(22a)

앗의(4b) ~cf、아ᅀᆞᆯ(4a)

그러나 이러한 重綴表記는 名詞에서만 일어나는 현상이 아니다。動詞의 名詞形과 副詞에서도 보인다。

그러홈모로(14b) ᄆᆞᄅᆞᇝ홈믈(6b) 후히홈믈(10b) 아니홈믈(11b) 서늘리(2a) 지극기(3b)

(8) 有氣音 表記에는 다음과 같은 두가지 類型이 있다。

第一型……ᄆᆞᄐᆞ니型

第二型……ᄆᆞᇀᄐᆞ니型

ᄆᆞᄐᆞ신(14b) ᄆᆞᄐᆞ니(1b) 고티면(15b) 며치료(16a) 바틧(22a) 가포미라(30a) 노픈(28a) 구틔여(25a)가
포며(28a) 무틔(29b)

ᄆᆞᇀ티(2a) ᄆᆞᇀᄐᆞ니(3b、18b) ᄆᆞᇀ틔여(22a) 갑포려(2a) 딥킈여(12b) 갑ᄑᆞ리오(17a) 굽피(20a) 받틧(22a)

(9) 終聲의 ㅅ과 ㄷ은 區別되어 表記되어 있다。

곧(23a) 몯ᄒᆞ며(16a) 받가리를(21b) 나ᄃᆞ니며(20a) ᄀᆞᄃᆡ(23b) 믿고(8b)

맛디고(15b、16a) 좃고(17b) 못(淵)(23b) 앗고져(10a)

(10) 語頭激音化된 것이 보인다。

칼(4a) 타시라(21b、22a)

이 「탓」은 이미 15세기 문헌에서도 나타나고 있다。

信티 아니ᄒᆞᆫ 타시니(法華經諺解二165)

正을 害ᄒᆞᆫ 타시오(上同二164)

그러나 곻(鼻)는 激音化되지 않고 있다。

고 버히기(2b)

(11) 語頭硬音化는 보이지 않는다。

사화(4a、26b) 사홈(29b) 사호고(3b) 사하(21b) 불회(22a)

그리고 語中의 硬音은 ㅅ을 사용하여 다음과 같이 表記하고 있다。

앗셔디(25a)

그러나 다음과 같은 表記는 硬音이 아닌, 순수히 사이시옷임을 보이는 것들이다。

믈셔를(20a) 별쎠리ᄃᆞᆯ홀(星之火)(26b)

마찬가지로 다음의 「ㅄ」表記도 硬音表記가 아니다。

힘ᄡᅳ디(21b、22a) 힘ᄡᅥ(2a、17b、17b)~cf、힘스면(16a) 힘스믈(20b) 힘서(20b、21b、22b、27a)

(12) 다음과 같은 子音同化에 의한 表記가 보이지만 誤記에 의한 것일 가능성이 있다。

다 글비호모로브터 터잠ᄂᆞᆫ 거시니(皆由學以基之也)(8a)

이것이 「터잠ᄂᆞᆫ」의 同化作用에 의한 表記인지 「터삼ᄂᆞᆫ」의 誤記인지는 분명치 않다。이 正俗諺解를 충실히 따른 한 重刊本도 「터잠ᄂᆞᆫ」으로 되어 있으나 後代에 意譯을 한 또 한 重刊本에 의하면 「터삼ᄂᆞᆫ」으로 되어 있기 때문이다。그러나 다음의 表記는 同化現象을 보인 것이다。

벼슬 로픈 지비셔는(8 b)

이 문헌에서는 ㄹ과 ㄴ은 엄격히 구별되어 初聲에서 ㄴ은 결코 ㄹ로 표기된 例가 없다。「벼슬」의 末音 ㄹ이 ㄴ에 영향을 주어 「노픈」이 「로픈」으로 된 例다。

(13) 다음과 같은 異形들이 存在한다。

ᄌᆞ식기(1 b、5 b) ᄌᆞ식귀「2 a、8 b)~cf、ᄌᆞ셕귀(1 b、13 a) ᄌᆞ셕글(7 b)、곡식글(23 b、27 b)~cf、곡셕(29 b) 곡셔글(21 b)

(14) 「셔」의 表記가 보임이 흥미롭다。

션 거실시(18 a)

有氣音의 앞에 ㅅ이 연결되어 쓰이는 ᄉᄏ、ᄉᄐ、ᄉᄎ、ᄉᄑ 등의 表記가 近代國語에 와서 많이 보이는데(특히 筆寫本에서) 이것은 有氣音의 音價를 再考하도록 強要하고 있으나 現在로서는 그 音價를 다시 推定하기는 어려운 실정에 있다。

Ⅱ、奎 章 閣 本

이 正俗諺解의 重刊本으로서 李源周 教授 所藏本을 매우 충실히 따른 것이 있다。漢文의 原文과 口訣을 李源周 教授本을 修正없이 그대로 옮겨 놓고、諺解文은 表記法上에서 部分的으로 修正하고 그 文脈은 꼭같이 하고 있어서 언뜻 보기에는 複刻·修正本으로 여겨질 정도다。그러나 複刻本은 아니다。漢文 原文은 行과 字數에 있어서까지 거의 同一하나 諺解文은 1行 字數가 조금씩 달라 每面이 옮겨 갈 때마다 몇字씩 들쭉날쭉하는 현상이 보이기 때문이다。더구나 版匡이 전혀 다르기 때문이다。이 책은 李源周 教授本을 版下로 한 複刻本은 아니지만 그 책을 거의 답습하면서 부분적으로 修正한 책이다。

이 重刊本은 곳곳에 所藏되어 있다。서울大 奎章閣、일사文庫、가람文庫、그리고 高麗大 中央圖書館 등에 소장되어 있다。이 重刊本은 1978年 朴炳采 教授의 解題를 붙여 太學社에서 呂氏鄕約諺解와 함께 影印된 바 있는데 그 影印의 底本은 柳鐸一 教授의 所藏本이었다。朴炳采 教授의 解題에 의하면 高麗大 中央圖書館 所藏本의 두 冊은 한 책이 序와 目錄이 卷頭에 綴해 있고 한 冊은 卷末에 철해 있다는 點에서 차이가 있을 뿐 同一版本이라고 한다。

여기에 影印되는 重刊本 正俗諺解의 底本은 서울大 奎章閣本이다.(그리하여 잠정적으로 이 異本을 奎章閣本이라 칭하기로 한다) 木版本인 이 책의 크기는 세로 31·2㎝ 가로 20·6㎝이며 四周單邊에 半葉匡郭이 세로 가로 각각 23·6㎝、16·6㎝이고 有界에 每面 10行、註釋은 小字雙行인데 原文 즉 漢文은 1行에 21字、한글은 1行에 23字~27字로 되어 있다. 版心은 上下花紋魚尾인데 魚尾間의 거리가 일정치 않다. 書名은 內題와 版心題가 모두 正俗諺解다. 壬至和의 序文이 1張、目錄이 1張 그리고 本文이 30張으로 모두 32張이다. 同一版本이 일사文庫와 가람文庫에도 소장되어 있는데、일사文庫本은 21張、26張、27張이 落張이며 가람文庫本은 14張과 25張이 落張이다. 또한 이 重刊本은 本文의 冐頭에 孝父母란 3字의 題目을 빠뜨리고 있다.

이 규장각본은 그 表記法으로 보아、이르게는 17세기 後半、늦게는 18世紀 中期에 刊行된 것으로 보인다. 口蓋音化現象을 보인다던가、語頭에 各自並書 ㅃ、ㅆ이 출현하고 또한 ㅄ이 보인다던가 語末子音에 ㅅ과 ㄷ이 混記되고 있다던가 하는 것으로 보아서는 18세기에 간행된 것으로 생각되나. 語頭硬音化가 部分的으로 보인다던가 ㅿ을 ㅇ으로 완전히 修正하지 않고 部分的으로 ㅿ을 그대로 두고 있는 點으로 보아서는 17세기 後半에 간행된 것으로 생각된다.

이제 그 表記法上의 特徵을 李源周 教授本과 對照하면서 설명하여 보기로 한다. 위의 것이 李源周 教授本 아래의 것이 이 奎章閣本이다.

(1) 傍點이 表記되지 않았다.

(2) ㅿ을 修正하지 않은 것이 보인다.

홰ᅀᅡ(4b) ᄆᆞᅀᆞᆷ을(6a) 아ᅀᆞᆷ(9b) 몸소(11b) ᄆᆞᅀᆞ미(13a) 등

(3) ㅿ을 대부분 ㅇ으로 修正하였다.

어버ᅀᅵ(1a) — 어버의(1a)

어버ᅀᅵ(1b) — 어버이(1b)

피조ᅀᅵ(2a) — 피조이(2a)

형뎨ᅀᅡ(3a) — 형뎨아(3a)

ᄆᆞᅀᆞᆷ미(3a) — ᄆᆞᄋᆞᆷ미(3a)

처ᅀᅥᄆᆡ(4a) — 처어ᄆᆡ(4a)

앗시(4a) 아이(4a)
훼사(5b) 훼아(5b)
ᄆᆞᅀᆞ일ᄅᆞᆯ(6b) ᄆᆞᄋᆞ일ᄅᆞᆯ(6b)
아ᅀᆞ몰(9b) 아올(9b) 아ᄋᆞ몰(9b)
니ᅀᅥ(9b) 니어(9b)

(4) 口蓋音化 現象을 보인다。

형뎨의(6a) 형졔의(6a)
형뎨(6b) 형졔(6b)
틍뎡ᄒᆞ며(8a) 틍졍ᄒᆞ며(8a)
뎍당(9b) 젹쟝(9b)
뎌싱애셔(10a) 져싱애셔(10a)
좃디(11b) 좃지(11b)
어딘(12b) 어진(12b)
갑디(23b) 갑지(23b)
됴ᄒᆞᆫ(25a) 죠ᄒᆞᆫ(25a)(30a)
갑과뎌(29a) 갑과져(29a)

(5) 소위 逆口蓋音化의 表記가 보이나 이것은 口蓋音化 現象과 同一한 것으로 해석된다。

젼업ᄒᆞ면(8a) 뎐업ᄒᆞ면(8a)
지브로(12b) 디브로(12b)
다ᄉᆞᆺ가지(14b) 다ᄉᆞᆺ가디(14b)
죵들(15a) 둉들(15a)
디졉ᄒᆞᆫ 길(15a) 디뎝ᄒᆞᆫ 길(15a)
집븐(30a) 딥븐(30a)

(6) 語頭硬音化 現象이 보인다。

사화(4 a)　　　　빠화(4 a)
사하(21 b)　　　빠하(21 b)
cf、사화(13 a)　　사화(13 a)

(7) ㅃ과 ㅆ이 나타난다。

ᄒᆞᆯᄲᅮ니언뎡(25 a)　　ᄒᆞᆯ뿐이언뎡(25 a)
ᄡᅳ이디(29 a)　　쓰이디(29 a)

(8) 語末子音 ㅅ과 ㄷ은 混記되고 있다。

몯ᄒᆞᆯ(7 b)　　못ᄒᆞᆯ(7 b)
믿고(8 b)　　밋고(8 b)
벋ᄒᆞ야(12 b)　　벗ᄒᆞ야(12 b)
다ᄉᆞᆺ(12 b)　　다ᄉᆞᆮ(12 b)
이신 것(13 a)　　이신 걷(13 a)
벋(13 b)(14 a)　　벗(13 b)(14 a)
몯 미처(14 b)　　못 미처(14 b)
듣본 일(15 a)　　듯본 일(15 a)
ᄀᆞᆺ븐(15 b)　　ᄀᆞᆮ븐(15 b)
몯ᄒᆞ고(15 b)　　못ᄒᆞ고(15 b)
받ᄂᆞ니(27 b)　　밧ᄂᆞ니(27 b)
닛디(28 a)　　닏디(28 a)
몯ᄒᆞ여(29 a)　　못ᄒᆞ여(29 a)

(9) 硬音表記의 語頭子音群으로는 ㅺ、ㅼ、ㅄ、ㅽ이 쓰이었다。

ᄢᅩ리(16 a)　　ᄢᅩ리(16 a)

ᄯᅮ이고(23b)　　ᄯᅮ이고(23b)
ᄯᅩ(5b)　　ᄯᅩ(5b)
ᄠᅳ들(4a)　　ᄯᅳ들(4a)
사화(4a)　　ᄡᅡ화(4a)
ᄢᅵᆼ긔오(10a)　　ᄢᅵᆼ긔오(10a)
ᄢᅱ이면(27b)　　ᄢᅱ이면(27b)
몯ᄒᆞ여커든(29a)　　못ᄒᆞ여ᄡᅥ든(29a)

(10) 「칼」(刀)은 「갈」로 되어 있다。

칼(4a)　　갈(4a)

(11) 修正된 部分 中 몇몇만 들어 보면 다음과 같다。

힝실(1a)　　힝실리(1a)
어버ᅀᅵ(1a)　　어버의(1a)
의식(4a)　　반드시(4a)
내죵앤(4a)　　내죵애(4a)
앗ᅀᅵ(4a)　　아이(4a)
방ᄣᅢᄒᆞ여(8b)　　방태ᄒᆞ여(8b)
하나빌(9b)　　한나버이을(9b)
너교미라(9b)　　너기교미라(9b)
슳ᄒᆞ여호티(10a)　　슬허호티(10a)
벌거바삿ᄂᆞ니(10a)　　벌거버섯ᄂᆞ니(10a)
어딘 일 ᄒᆞ시고(11b)　　어딘 일을 ᄒᆞ시고(11b)
이우즐(13a)　　이웃즐(13a)
아랫사ᄅᆞᆷ미(15b)　　아래사ᄅᆞ미(15b)

넘도 아니ᄒ며(17a) 더도 아니ᄒ며(17a)
딜어스로(25a) 딜거스로(25a)
겨시며(25a) 계시며(25a)
지술거실시(26b) 지을배실시(27a)

Ⅲ、일사文庫本

正俗諺解의 또 한가지 異本은 앞의 두 가지 正俗諺解 즉 李源周 教授本、奎章閣本과는 상관 없이 간행된 책이다。飜譯에서 큰 차이를 보이고 있기 때문이다。

이 책은 여러 곳에 소장되어 있지만、本 影印은 일사文庫本(도서번호、일사古-170-G413ja)을 底本으로 하였다。그리하여 이 책을 일사文庫本이라 칭하기로 한다。

木版本인 일사文庫本은 冊匡이 세로 가로가 각각 32㎝、21·6㎝이고 四周單邊에 半葉匡郭이 세로 21·4㎝ 가로 17·4㎝이다。有界에 10行、每行이 漢文原文과 諺解文이 모두 16字다。版心은 一定치 않으나 주로 上下花紋魚尾로 되어 있고 上下内向黑魚尾(5、9、15장등)도 보이며 魚尾가 없는 곳(3、8、23、24、33장 등)도 있다。이 일사文庫本은 李源周 教授本과 奎章閣本이 1行에 21字인데 비해 1行에 16字인 점에 版式의 차이가 있다。이 책은 奎章閣本과 마찬가지로 앞에 正俗序와 目錄이 붙어 있다。그리고 本文은 모두 51장으로 序 2장、目錄 1장과 합쳐 전부 54장으로 되어 있다。

이 일사문고본은 앞의 두 가지 刊本과 다른 몇가지 점을 지니고 있다。

첫째는 이 책은 孝父母 등 18개의 항목을 項目別로 그 原文을 한꺼번에 싣고 이에 따라 諺解도 原文 뒤에 한꺼번에 싣고 있다는 점이다。앞의 두 가지는 그 項目別 原文을 부분적으로 分離하여 놓고 이에 따라 諺解도 分離되어 있다。

둘째로、이 책은 小字夾註가 없다는 점이다。이에 비해 앞의 두 가지 刊本은 小字夾註가 雙行으로 되어 있다。이 夾註의 내용은 諺解文 속에 포함시켰다。그 예를 보면 다음과 같다(前者는 李源周 教授本、後者는 일사文庫本이고 괄호안이 註釋이다)。

공지 니르샤티(공즈는 큰 셩인니신 어딘 아비라) (1b)

공지라 ᄒᆞ시는 셩인이 니르시되(2a)

세째로, 이 책은 그 번역이 意譯이다。李源周 教授本과 奎章閣本은 대체로 原文에 充實한 直譯인 것이다。한 예만 들면 다음과 같다(앞의 것이 奎章閣本이고 뒤의 것이 일사文庫本이다)

어버이 나를 슈구로이 나ᄒᆞ시니(2a)

아비와 어미겨셔 나를 나흐샤믈 슈고로이 ᄒᆞ시도다 ᄒᆞ고(2a~2b)

이 책은 諺解文의 各 句節마다 句讀點을 찍어 놓은 흔적이 보이는데 이것은 後代에 붓으로 찍어 놓은 것이다。이와 같이 現代語에서 文字上으로 띄어쓰기에 해당하는 句讀點을 찍어 刊行한 책도 있는데(1765年刊의 地藏經諺解) 이러한 句讀點은 이미 18세기에 많이 流行했던 것으로 생각된다。

이 책은 18世紀末에 平安道에서 刊行된 책임이 거의 틀림없다。다음에 그 몇 가지 근거를 제시하기로 한다。

이 책은 正俗序가 있는 張의 右邊 아래쪽에 印文未詳의 朱文方印이 있고 함께 「渭原鄕校上」이라는 墨書가 있다。이러한 方印과 墨書는 대개 같이 나타나는데, 이것은 이 方印을 가진 「渭原鄕校」가 이 책을 收藏한다는 뜻이다。渭原은 平安北道의 渭原郡으로 결국 平安北道의 渭原鄕校에서 收藏하여 保管한다는 것이다。그리고 原表紙의 앞 褙紙 左邊 아래쪽에도 「渭原校上」이 보인다。이 褙紙에는 「壬子十二月 日 秋亘長前」과 「宋按使印送」이라는 大字墨書와 함께 小字로 「舊臘黒牛宋相付選于本覺者졍쇽편」이란 글이 보인다。이 小字는 壬子年 다음 해에 쓴 것이고 大字는 壬子年에 쓴 것으로 보이는데, 壬子年 十二月에 黒牛라는 號를 가진 宋 觀察使가 渭原鄕校에 보낸 책임을 말해 준다。그렇다면 이 觀察使는 平安道 觀察使임에 틀림이 없고 이에 따라 이 正俗諺解는 平安道의 어느 곳에서 刊行된 것임이 틀림이 없다。表記上으로 보아 ㅁ蓋晋化 現象이 보이지 않음에서도 이것은 確認된다。

여기에 보이는 壬子年은 1792年(正祖16年, 乾隆 57年)으로 해석된다。이러한 결론은 諺解文에 나타난 諸現象과의 관계에서 이루어진 것이다。

諺解文에 나타나는 몇 가지 特徵的인 현상을 살펴보면 다음과 같다。

첫째 屬格助詞 「이/의」가 그 실제발음인 「에」로 表記되고 있다。

무덤을 편안히 ᄒᆞ기는 상제에 큰재라(安厚兆喪祭之大者也) (30b)

종족이라 ᄒᆞᄂᆞᆫ 쟈ᄂᆞᆫ 동셩에 골육이오 친인이라 ᄒᆞᄂᆞᆫ 쟈ᄂᆞᆫ 이셩에 골육이니(宗族者 同姓之骨 肉親姻者 異姓之骨肉)(18a)

이러한 현상은「에/애」가 單母音化되었음을 의미하며 이것이 完成된 시기는 18세기 말이다。그리고 위와 같은 현상, 즉 文獻上에서 屬格의「의」가「에」로 表記되는 것은 18세기 말에 보인다。(拙稿, 近代國語의 格研究(Ⅱ) —屬格—, 延岩玄平孝博士回甲紀念論叢, 1980 참조)

둘째 名詞化 接尾辭인「-기」가 대단히 많이 사용되고 있다。

시모기를(35b) 쟈기예(42b) 크기예(42b) 먹기ᄂᆞᆫ(42a) 나아가기ᄂᆞᆫ(25b) 다ᄉᆞ리기ᄂᆞᆫ(25b) 삼기을(31b) 사오납기를(24b) 업기예(29a) 보기 됴흠을(29b) 등

이러한 현상은 주로 18세기 후기국에서 많이 볼 수 있는 현상이다。

세째 語末의 ㅅ과 ㄷ은 모두 ㅅ으로 統一되어 表記되고 있다。

밋게(44a) 벗의게(12b) 밋고(13b) 뭇디(23b) ᄀᆞᆺ디(39b) 밧가라(35b) 등

語末子音의 ㄷ까지도 ㅅ으로 完全히 統一하여 表記되는 것은 改修捷解新語(1781年) 이후로 생각되므로 이 正俗諺解는 18세기말이후에 刊行된 것으로 생각할 수 있다。

이와 같이 諺解文에 나타난 특징으로 보아 이 책은 18세기말에 간행된 것으로 보인다。壬子年은 1792年、1852年(哲宗3年)、그리고 앞당겨서 1732年의 세 해 중의 한 해일 수 있다。그런데 表記法上으로 보아、그리고 諺解文의 특징으로 보아 1732년은 거의 가능하지 않다。가능성이 있다면 1792년과 1852년의 두 해 중의 한 해일 것이다。그러나 1852년 12월의 平安道 觀察使는 宋氏 姓을 가진 사람이 아닌 金炳冀였다。

之趙冀永爲禮曹判書 李鶴秀爲兵曹判書 金炳冀爲平安道觀察使……(哲宗實錄 卷四 三年 壬子 十月 丙申條)

따라서 이 책에 보이는 墨書의「壬子十二月」은 1792年 12月로 해석되는 것이다。결국 이 正俗諺解는 1792年에 平安道에서 刊行된 책일 것이다。

이제 이 책의 諺解文에 보이는 表記法上의 특징을 간략히 들어 보기로 한다。

(1) 語頭子音群으로는 ㅺ、ㅼ、ㅽ、ㅳ、ㅄ、ㅴ이 보인다。ᄢ은 보이지 않는다。

ㅺ……ᄭᅱ워(39a) ᄭᅮ며(36b) ᄭᅦᄃᆞ디(26b) ᄭᅮ지ᄌᆞ신(29a)

ㅼ……ᄯᅡ히(31a) ᄰᅧᆯ녀(44b) ᄣᅢ(45a)
ㅽ……ᄲᅢ텨(45a) ᄲᅢ여니와(33a) ᄲᅢ디매(50b) ᄲᅡ딘(50a)
ㅳ……ᄠᅢ예(29a) ᄠᅳ디(21b) ᄠᅳᆮ의(15b) ᄠᅢ는(2b)
ㅄ……ᄡᅡ화(5b、6b、36a、39b) ᄡᅡᆯ(47b) 힘ᄡᅥ(36a、46a) ᄡᅡ며(39a)
ㅶ……내ᄧᅩ여도(24b)

(2) 各目並書는 ㅆ만 사용되었다。ㅆ의 출현은 매우 빈번하다。
힘쓰디(29a、41a、42a) 싸화(21b、50b) 싸흘써니(46a) 쓸(26a) 쓰인(19b) 더싸흠으로(49a) 힘쓴즉(26b)

(3) 有氣音의 表記는 다음 세 가지 類型으로 나타나나 第二型이 주로 쓰이었고 第一型、第三型의 順序로 쓰이었다。
第一型……ㄱ튼(39b) 노피(17a) 두터이(19b) 두터오며(39b)
第二型……닥켜여(27a)、ᄀᆞᆮ튼(44b) ᄃᆞᆮ토는(44b) 둣터이(18a) 잡피여(45a) 갑파(45a) 덥프며(26a) 놉픈(47b) 좃차(36b、49a) 굿칠(45a) 밋치고(33b) 것츨(36b) 헛빗츨(29a)
第三型……딕희디(31b) 딕히여(30b)
그런데 第一型에서는 ㅌ、ㅍ만、第三型에서는 ㅋ만 나타나는 反面 第二型은 ㅋ、ㅌ、ㅍ、ㅊ의 모든 有氣音이 나타남이 특징이다。

(4) 語末子音群 表記에 있어 母音으로 시작되는 語尾가 後行되더라도 그 子音群을 語幹에 모아 쓰는 예들이 보인다。
ᄇᆞᆰ은(32a) ᄇᆞᆰ근(47a) 섥의(14a)…cf、블근(16a) ᄆᆞᆯ가리라(44b) 흙게(31a) 흙기(31a)
물론 子音이 後行해도 마찬가지다。
ᄇᆞᆰ킨(33b) 넓고(42a) ᄇᆞᆰ키면(28a) 놃드는(33b)~cf、블켜(12b) 넓께(29a) 븗아고(31b)
위의 表記는 子音 앞에서 語末子音群中 뒤의 子音、즉 ㄺ에서 ㄱ ㄼ에서 ㅂ이 실제 발음되지 않았음을 말해 준다。이것은 ㅄ도 마찬가지다。그런데 ㅄ은 子音이 後行할 때 ㅅ을 表記하지 않는다。
업기예(29a)

(5) ㄹ―ㄹ 表記는 주로 ㄹ―ㄴ 表記로 하였으나 混記되었다。

진실로(12a、39a)、실로(9b)~달나도(5b) 절노(5b) 멀니(24) 알니로다(18b)

(6) 子音同化作用의 例가 보인다。

만ᄂᆞᆫ 비(迎雨)(33b)~cf、귀신을 맛노라(35b) 인ᄂᆞ니라(27a) 인ᄂᆞᆫ고티(19b) 논화 완ᄂᆞᆫ디라(15b)

(7) ㅁ蓋音化 現象이 보이지 않는다。이것은 平安道方言을 반영하였기 때문인 것으로 보인다。오히려 「家長」을 가댱」(27a)으로 表記하고 있다。

(8) 格助詞에서 混記가 보인다。

벼과(39a、39b) 녜과(26b、27a) 님자과(26b) 신하과(24a) 경ᄉᆞ과(18b) 버거을(18a、20b)~cf、버거를(23a) 아자비을(19b)

(9) 語中의 硬音은 ㅅ을 사용하여 표기하고 있다。

먹을써시(39a) ᄒᆞᆯ써니(39b) ᄒᆞᆯ쎤대(2b) 들써니(3a) 못ᄒᆞᆯ써라(12b) 알써시라(5b)

IV

이상으로써 正俗諺解의 異本들에 대하여 言及하였으나 그 口訣에 대해서는 省略하였다。이 正俗諺解에 나타난 口訣은 세 가지 異本에 차이가 없다。이正俗諺解에 사용된 口訣에 대해서는 安秉禧 教授의 論著(中世國語 口訣의 研究)를 참고하기 바란다。

이 正俗諺解는 그 諺解文에서뿐만 아니라 口訣에서도 國語史 研究의 重要한 자료를 제공해 줄 것이다。

參 考 文 獻

朴炳采(1978)、解題 正俗諺解、太學社

徐在克(1976)、正俗諺解의 語彙、韓國語文論叢(又村姜馥樹博士回甲紀念論文集)螢雪出版社

安秉禧(1977)、中世國語 口訣의 研究、一志社

安秉禧(1979)、中世語의 한글資料에 대한 綜合的인 考察、奎章閣 3。

正俗諺解

(李源周教授本)

正俗諺解

正俗諺解

孝父母 효도부모

人之行莫大於孝故以孝父母先之

사ᄅᆞᄆᆡ 힝실은 효도만 크니 업슨 젼ᄎᆞ로 효도ᄅᆞᆯ 몬져 ᄒᆞᄂᆞ니라

父母者隱子之天地尼 孔子曰子生三年然後以免於[illegible]

父母之懷伊羅爲古 詩曰哀哀父母亦生我劬勞[illegible]

曰父兮生我爲古 母兮鞠我爲尼 欲報之德大伊[illegible]

罔極伊舍多 故孝子之事親也隱 冬溫夏凊爲於 昏[illegible]

省爲於 出必告反必面爲於 問衣燠寒爲於 問何飮食爲於[illegible]

[illegible]飮藥先嘗爲於 有過則諫爲[illegible]柔聲以諫[illegible]

㖏一不敢疾怨尼乎里此皆職分之所當爲也羅雖未[illegible]

之中伊那亦當竭力爲以孝敬承之歡尼乎里蓋今日之爲

吾親伊後日子孫伊亦必盡孝於我爲里尼此感應之於

之理也羅若夫一不敬其父母伊是一不知有天也五伊一不敬其

母面是一不知有地也尼人而不知有天地則覆載所不

容伊旀神明所一不祐羅伊將有天誅人禍伊以及其身爲里尼

而[illegible]昔[illegible]五里孔子曰五刑之屬伊三千尼伊而罪莫大於

不孝也爲伊尼羅羅

[illegible]고 한 글와 [illegible] 니 공ᄌᆞㅣ 니ᄅᆞ샤ᄃᆡ [illegible]

[illegible]

님우ᄒᆡ 모시던 글 ᄉᆞᆲ고 ᄉᆞᆲ고 ᄌᆡ여 버시나 ᄂᆞᆯ ᄀᆞ 도이
文 시사ᄉᆞ다 ᄉᆞᆷ ᄂᆞᆯ 오ᄃᆡ 오비 나ᄂᆞᆫ ᄒᆞ시고 어미 나ᄂᆞᆫ 처ᄇᆡ시니 ᄀᆞᆺ ᄃᆞᆯ
감ᄉᆞᆸ고 ᄇᆞ랴오면 ᄒᆞ날 ᄀᆞᆮ듯ᄉᆞᆸ도다 그런 ᄌᆞᆯ로 효ᄌᆞ의 어버이 셤
교ᄒᆞᆫ 겨ᄉᆞ레ᄂᆞᆫ ᄃᆞᆺ게 ᄒᆞ고 녀ᄅᆞᆷ면 서ᄂᆞᆯ리 ᄒᆞ며 여ᄉᆞᆯ음 ᄆᆡᆫ가 ᄂᆞ
알ᄋᆞᆸ고 ᄌᆡ셔 ᄉᆞᆲ고 새ᄇᆡ가 ᄂᆞᆯ여시ᄃᆞᆫ 뵈ᄉᆞ오며 나갈 제 ᄉᆞᆲ고 가고ᄂᆞ
가 ᄒᆞ의 ᄎᆞᆫ 뵈ᄉᆞ오며 옷 더우신가 치우신가 ᄆᆞᆺᄌᆞ오며 무ᄉᆞᆫ
ᄉᆞᆷ ᄌᆞ셜ᄂᆞᆫ ᄆᆞᆺᄌᆞ오며 병ᄒᆞ시거든 약 그릇 ᄆᆞᆺ 보아 ᄇᆞᆺᄌᆞ오며
믈 ᄒᆞᆯ 겨시거든 우ᄒᆞᆫ ᄃᆡ ᄆᆞᆯᄉᆞᆯ오 요ᄃᆡ 오온 ᄀᆡ쳐 ᄑᆞᆼ을 르게
ᄒᆡᆺ 쇼연 ᄒᆞ니 마로리 ᄂᆞ이다 ᄉᆞ시기 ᄂᆞᆯ 마ᄅᆞ 오ᄉᆞ올 이 ᄅᆞᆯ
ᄇᆞᆯ ᄆᆞᆯ 이 ᄋᆡᆫ ᄃᆞᆯ ᄆᆞᄋᆞᆯ ᄇᆡ ᄉᆞ오ᄂᆞ이다 거 ᄉᆞᆯ

2a

미오시거ᄒᆞ올나오ᄂᆞᆫ날니어버시효도ᄒᆞ며우[illegible]쇼
니블ᄌᆞᄌᆞᆫ계ᄒᆞ야효도ᄒᆞ올거시니이ᄂᆞᆫ공의ᄉᆞ연ᄒᆞᆫ고
리라ᄒᆞᆫ대ᄀᆞ야비록공경티아니ᄒᆞ면인ᄂᆞᆫ하ᄂᆞᆯ이쇼ᄃᆞ모
ᄉᆞᄅᆞᆷ오어미ᄂᆞᆯᄉᆞ랑티아니ᄒᆞ면이ᄂᆞᆫ사이쇼ᄃᆞ도곤ᄒᆞ니
니ᄅᆞᆯᄉᆞᄅᆞᆷ미하ᄂᆞᆯᄉᆞ이쇼ᄃᆞᆯ모ᄅᆞᆫ면ᄒᆞᆫ하ᄂᆞᆯᄉᆞᄉᆞ이예어ᄃᆞᆫᄃᆞᆯ호리며
실롭은ᄅᆞᆯ희ᄃᆞᆸ디아니ᄒᆞ여장ᄎᆞᆺᄒᆞᄂᆞᆫ희ᄌᆞ기ᄉᆞ거나차ᄅᆞᆯᄅᆞᆯ
시왜어나제곰매기ᄎᆞ리니ᄂᆞ그ᄅᆞᆯ허믈ᄒᆞ리오공ᄌᆞ니ᄅᆞ샤
다ᄉᆞᆺ가지형벌니블이ᄅᆞᆫ (다ᄉᆞᆺ가지형벌ᄅᆞᆫ피조시고버히기 발버히기블버히기ᄉᆞ기ᄂᆞᆫ형벌이라)
삼쳔가지로ᄃᆡ그죄블효만ᄒᆞ니업스니라
[illegible] ᄉᆞ랑ᄒᆞ야시ᄆᆡ옴

父母者己之所自出兄弟者己之所同出故又

兄弟次之 어버이ᄂᆞᆫ내몸낸듸오형뎨ᄂᆞᆫ내ᄒᆞᆫ듸셔 난거실ᄉᆡ형뎨ᄅᆞᆯ사괴요ᄆᆞᆯ버거ᄒᆞᆫ도라

骨肉至親伊莫如兄弟兄詩云死喪之威伊兄弟孔懷

又曰兄弟鬩于墻伊那外禦其侮伊羅爲尼則兄弟之親伊

異體同氣羅死喪則相恤爲旅患難則相救也其眞情

發爲見於顚沛之頃爲尼以此知兄弟之親隱不

可一日而絶也伊羅世有親視親人之過於兄弟者爲尼始

聚而終離者多矣於乎唯兄弟隱一體之親伊羅終不可

絶始雖爭也而終必和爲旅始雖歡也而終必疑爲尼

倫而之愛伊雖屬乎人伊那實於天也羅古言曰子

不念天顯爲也乃不克恭厥兄爲㢱兄亦不念鞠子哀爲也

不友于弟爲毛羅爲至有同室操戈爲也踈薄骨肉爲里是自絶

其手足爲於自撤其藩籬爲伊羅一旦厓殃咎之至而欲求援

於他人伊難矣是羅經曰宜兄宜弟而后厓可以敎國人

伊羅爲是多

골육ᄀᆞ지극친ᄒᆞ니형뎨만ᄀᆞᄐᆞ니업스니보시예날ᄋᆞ

[illegible]샹ᄉᆞ이어려운ᄃᆡ도형뎨ᄉᆞ랑ᄒᆞᄂᆞ니라ᄒᆞ고ᄯᅩ닐ᄋᆞ

[illegible]뎨집븨셔사호고도밧긔[illegible]셔ᄂᆞ니라ᄒᆞ니ᄒᆞ믈며

[illegible]조미골ᄋᆞᆯ다ᄅᆞ니고ᄋᆞᆫ니로가지랑구궁상ᄉᆞ애셔[illegible]

[illegible]여러ᄉᆞᆫ군서[illegible]지친[illegible]

3b

ᄋᆞᆸᄂᆞ니 일로 일로 니셩ᄀᆡ의 친ᄒᆞ오ᄆᆞᆫ 노 업ᄉᆞ오ᄆᆞᆯ

ᄀᆞᆺ습ᄂᆞ니 상녜 다ᄅᆞᆫ 사ᄅᆞᆷ도곤 친히 너겨 ᄒᆡᆼ혀 라와 더ᄒᆞ리잇

가니 그려도 쳐엄믜 사괴다가 내 죵애 이니ᄒᆞ리ᄒᆞ거니와 오

직 양ᄃᆡ 본ᄒᆞᆫ 고목의 친ᄒᆞᆫ 귀쳐ᄅᆞᆫ 내 죵내 그치디 모ᄅᆞᆫ가 ᄒᆞ리

니 처서믜 거ᄉᆞᆸ뻐도 내 죵애 외ᄭᅴ 화동ᄒᆞ엽 처서믜ᄒᆞ엿ᄉᆞᆸ

간 ᄂᆞᆫ 총앤ᄒᆞᆫ 뎌모ᄃᆞᆫ니 이ᄋᆞ 쇼미란 ᄉᆞ랑ᄒᆞ오미 빌믁 사ᄅᆞᆷ미 헐

린ᄃᆞ 송나 진실로 ᄒᆞ니 레 그원ᄒᆞ 귀시로다 장셔에 닐우 근 셩

ᄂᆞᆫ 글월일 앗시 ᄒᆞ일 ᄂᆞᆫ 형뎨 대신 ᄇᆞᆯ 기 ᄒᆞ디 아니 ᄒᆞ엿ᄉᆞᆸ오ᄅᆞᆯ ᄉᆞᆼ

후미리 ᄒᆞᆫ 아니ᄒᆞ면 ᄒᆞ오 어ᄇᆞ 시 ᄉᆞ 곰 ᄒᆞ 요모ᄅᆞᆫ ᄒᆞ뎨 니ᄒᆞ여 ᄃᆞ

징이 ᄋᆞᆸ숨 ᄉᆞ랑ᄒᆡ ᄋᆞ니 근ᄒᆞᆯ 일 그 처 어인 진ᄆᆞ 비셔 갈가 ᄒᆞᆸᄉᆞ

4a

화목곰소밥ᄂᆞ니이ᄂᆞᆫ제소님들버ᄒᆞ며적ᄌᆞ올ᄒᆞᆫ
헐보리미니ᄒᆞ오ᄃᆞᆺ아춤뢰어려운일은잇거든달ᄂᆞᆫ사ᄅᆞᆷ미가
구확ᄒᆞ미어려워니ᄅᆞᆯ대ᄒᆞ약개질을우ᄃᆡ향의도애도올ᄒᆞ여
앗외玊애도올ᄒᆞᆫ혜사나ᄃᆞᆺ사ᄅᆞᆷ을곤칠거시라ᄒᆞ온다

和室家 경집과화동

家之不齊由夫婦不和人能和於妻子宜於兄弟
則父母安樂之故以和室家次之 집비올티아니ᄒᆞ미 남진겨집비화몸
티아니ᄒᆞ므로잔ᄎᆡ니사ᄅᆞᆷ미처ᄌᆞ식과화동ᄒᆞ며형뎨예
올ᄒᆞ면어버이깃거ᄒᆞ밀ᄉᆡ실가화동호ᄆᆞᆯ버거ᄒᆞ노라
夫婦 人倫之本 伊羅 有夫婦然後 有父子 易
乾坤 詩以關雎為先 欲齊家 以自

治羅 身正則一家伊無不正爲面身不正則一家伊亦
不正羅。 昔尼 冀缺伊 耨乙於 其妻饁之乎代 敬相待如賓
爲也 白季伊 使過而見之爲古 舉於下軍大夫爲尼羅 孔子誦
宗 棣詩爲舍 至妻子好合伊 如鼓瑟琴而歎美曰父母隱
其順矣乎底爲 時尼 蓋人能和於妻子則父母伊 其安樂矣
里羅 是則夫婦和順伊 非惟可以隆家道伊羅 實可以悅親
心也里羅 又有昵愛婢妾爲也 疏薄正妻者爲尼 殊不知妻隱
齊也羅 父母之所命也亦 兄弟之所宗也羅 一與之齊
回 終身不改也爲 甘苦貧富死生厓 同之爲尼 寵婢妾之徒
隱 苟刻生翁矣 一時之愛也爲 恣寵怙勢也 無所不爲

5a

君一旦產主翁伊失勢則舍之而事他人矣是里復奚顧哉里五詩云刑于寡妻爲也至于兄弟爲也以御于家邦爲伊罷豆多

남진겨집븐사름믜근원니니남진겨집비이신후에사어버이실스식가이세러니쥬여게 쥬역근글월일홈미라 하날와따로읏듬옷고모시예관저편늘로몬저ᄒᆞ니 관저는모시편명이니어딘겨집비일늘엇ᄂᆞ라니그려도집블올케홀뎐모로미몸닷고몰로비롯ᄂᆞ니몸미졍ᄒᆞ면ᄒᆞᆫᄌᆞᆺ안히졋ᄋᆞᆯ고몸미졍티아니ᄒᆞ면ᄒᆞᆫᄌᆞᆺ안히도졍티아니ᄒᆞ리라ᄒᆞ니그ᄭᅳᆯ리란소ᄅᆡ기슴미어늘제겨

재간소나브리여다나가다가보고져젼ᄒᆞ시ᄃᆡ웃벼ᄉᆞᆯ을
ᄒᆞ이니라공지모시믈닐그시다가쳐ᄉᆞ의화동ᄒᆞ미표ᄒᆞ
뉴소리화오동옴과고다ᄒᆞ여니ᄅᆞ던디라기려니ᄅᆞ샤ᄃᆡ어
버신화순ᄒᆞ리댜ᄒᆞ시니살미쳐ᄌᆞ와화동ᄒᆞ여ᅀᅡ어버ᅀᅵ
즐겨ᄒᆞ리니이ᄂᆞᆫ남진겨집비화동호미집비됴호올샤
아니라진실로어버시ᄆᆞᅀᆞᄆᆞᆯ깃길겨시로다샨죵쳡블
ᄉᆞ랑ᄒᆞ고졍쳐ᄅᆞᆯ소박ᄒᆞ리잇ᄂᆞᆫ니모로ᄂᆞᆺ다겨집블
나와ᄒᆞ연가시ᄂᆞᆫ어버ᅀᅴ얼인가시며형뎨의옷ᄉᆞᆷ삼ᄂᆞᆫ가시라
ᄒᆞᆫ번어디면ᄉᆞᆷ고ᄂᆞᆨ효디아니ᄒᆞ여고호연아ᄒᆞ슈ᄇᆞᆯ오ᄂᆞᆫ니라
가난ᄒᆞ얀가ᄉᆞ며ᄉᆞᆷ그나사나ᄒᆞᆫ이가시ᄆᆞᆯᄒᆞ야ᄂᆞ고숑쳡블ᄒᆞ라

ᄒᆞᆫ갓집안이부귀ᄉᆞ랑ᄒᆞ오져ᄒᆞ여ᄀᆞ이면아니ᄒᆞᆯ일을일ᄋᆞ시

ᄒᆞᆫ다갓으ᄂᆞᆫᄉᆞᆯ님ᄀᆞᆫ진니ᄀᆞᆯᄆᆞ로외면ᄇᆞ리고다ᄅᆞᆫ길셤ᄀᆞᆫ니

무ᄉᆞ일을ᄆᆞ라보묘모ᄉᆞ여닐우ᄃᆞ겨지비거법ᄇᆞᆯ즁

ᄆᆞ예니ᄅᆞ러ᄀᆞᄅᆞ모셔나라ᄒᆞ믈다ᄉᆞ리ᄂᆞ니라ᄒᆞ오노라

訓子孫 ᄌᆞ식손ᄌᆞ들ᄀᆞᄅᆞ촘 得가ᄅᆞᆷ

孝友父兄和樂室家則家道可與興而能久存乎

賢子孫故以訓子孫次之 어버시효도ᄒᆞ영뎨ᄉᆞ랑실개화동ᄒᆞ면집비효ᄒᆞ도ᄋᆞ리니ᄒᆞᆷ히

ᄒᆞ옴오라므ᄌᆞ손이미로매이실시ᄌᆞ손ᄀᆞᄅᆞ쵸몸버거ᄒᆞ노라

自愛子隱弗代教之以義方五弗納於邪名大弦隱爲

今家孫兄不問富貴貧賤爲[illegible]聰俊者王

固不可以不學厼 其下愚者亙 亦不可以不勉强也

羅 然所謂學者隱 非徒誦說詞章而已羅 講明孝悌忠

信禮義廉恥而識其是非善惡之所在也羅 庶幾他日

厓 立身揚名爲也 以顯父母伊 皆由學以基之也羅尼 所謂

藝者隱 隨其子孫資禀而成就之尼 質朴實者隱 於 敢於

農爲厼 善會計者隱 於 敢於商爲厼 有巧技者隱 於 敢於工乎里尼

蓋天下厓 無棄人伊厼 亦無棄材尼 若能專守一藝面 大

則可以致富五 小則亦不至於飢寒也里羅 今有富盛之

家伊 其父兄伊 恃其資産之多爲古 不敎子弟也爲 以至於

沉湎淫泆爲厼 無所不爲而也爲乎 至於滅身傾家而後已爲厼

貴官之家伊其父兄乙恃其爵祿之高古不教子弟也

以至驕奢放縱爲於無所不爲也爲卒至於亡身滅族而後

已是爲去等蓋不知訓之之道故也羅傳曰遺子黃金滿籯

伊一經乙教子爲乃經羅爲古又曰良田萬頃伊不如薄藝隨

身是如爲

셕착이 닐오ᄃᆡ 셕작은 뎐 사ᄅᆞᆷ미라 자셕 ᄉᆞ랑커든 올ᄒᆞᆫ 일로 ᄀᆞᄅᆞ쳐

외ᄅᆞᆫ 일레 아니 가게 ᄒᆞ오리니 대뎌 ᄒᆞᆫ디 사ᄅᆞᆷ의 ᄌᆞ손 나 ᄉᆞ랑ᄒᆞ면

아ᄒᆡ 흐리나 가난커나 미쳔커나 쓰ᇰ의 ᄆᆞᆯ디 말오제 ᄀᆞᄅᆞ칠리ᄒᆞᆫ

오ᄂᆞᆯ ᄀᆞᄅᆞ치ᄂᆞᆫ 이 아니 ᄂᆞᆷ 흐ᄅᆞᆯ거시며 어리고 사오나온 니를

은혜 하나 ᄒᆞᆫ ᄀᆞᄅᆞ치ᄂᆞᆫ 거시라 ᄀᆞᄅᆞ치ᄂᆞᆫ 것

올[illegible]나아니라요도ᄒᆞ며형셰귀면ᄉᆞ랑ᄒᆞ며우친ᄒᆞ며
되며올흔일이며쳥념ᄒᆞ며곳고롬ᄒᆞ며이련일ᄃᆞᆯ흘의
논ᄒᆞ야그올ᄒᆞ며외며어딜며사오나온ᄃᆞᆯ아라후에내몸
도외여나어버이빗내요미다글빈ᄒᆞ오모로브터텀잠ᄂᆞᆫ거시
니자식조란거슨조손니고질조ᄎᆞᆺ망ᄀᆞ롤디니질박ᄒᆞ니
런녀름지이고혬잘ᄒᆞᆫ란ᄂᆞᆷ웅셩히이고교셩이스니
런공쟝을히요ᄅᆞᆯ디니텬하애ᄇᆞ릴사ᄅᆞᆷ미업스며ᄯᅩ쇼릴
조조업스니ᄒᆞ오죠죄ᄇᆞᆫ쳔업ᄒᆞ면그편가ᄉᆞ멸헤되오져건도
증의리ᄃᆞ이니ᄒᆞ리라이제가ᄉᆞ[illegible]ᄌᆞ리셔그어버이며ᄒᆡᆼ을
으번조서구며아ᄉᆞᆯ길[illegible]니ᄒᆞ여ᄉᆞᆯ와구[illegible]ᄒᆞ

여아니ᄒᆞᆯ일업시ᄒᆞ여니즁에므ᄉᆞ그ᄃᆡ지블엄금ᄒᆞᆫ
후에사말며벼슬로프지빈셔는그부ᄒᆡᆼ이벼슬믿고
ᄌᆞ대볼귀ᄎᆞᆺ디아니ᄒᆞ여교만ᄒᆞ며샤치ᄒᆞ며방ᄌᆞᄒᆞ여이니
ᄒᆞᆯ일업시ᄒᆞ여내즁애제몸과아ᄋᆞᆷ슈죡배연ᄒᆞ고만니
이라글출이를모롬ᄊᆡ라글월우므니르우되ᄌᆞ셔글을
그ᄃᆡᄒᆞ고그세ᄌᆞ미ᄒᆞ여최그ᄅᆞ출만몬ᄒᆞ며ᄡᅩ니ᄋᆞ로
ᄒᆞ리반민ᄒᆞ고디ᄌᆞ고맛시조모ᄆᆡ놈만ᄂᆞ니론ᄒᆞ니라

睦宗族아ᄉᆞᆷ도외화동홈

能盡父兄事子之道而後可以及族人故以睦宗

族次之 ᄆᆞ이ᄀᆞ장ᄒᆞᆫ셩ᄌᆞᆫ일ᄒᆞᄂᆞ아ᄉᆞᆷᄃᆞᆯ회 ᄆᆡᄋᆞ숨거시리아ᄉᆞᆷ회동ᄒᆞᄆᆞ로ᄒᆞ노라

同源殊派羅其初厓一人之身尼伊尊祖故敬宗伊敬宗
故敬族尼伊人不重其族面是不重其祖也羅昔者聖人
伊酌人情之輕重爲合立爲五服之制也爲以聯骨肉旀爲以
別親疎也爲歲時之間厓合族以食旀爲序以昭穆爲也生則
有恩以相愛古爲死則有服以相接時尼伊爲若此百宗族
伊雖多那無異於一人也羅里今厓風俗伊日漓也爲不敬
其親隱伊五況其祖乎阿不念其親隱伊五況其族乎阿族
有土田則思并呑之古爲族有財物則思攫攘之旀爲族有
善良則摧抑而疾惡之古爲族有過惡則訐露而播揚之
爲也以至僕厭粱肉而伯叔伊朝飢旀爲妾曳綺紈而宗族

9a

伊 未體尼爲飛 此皆天理之所不容伊羅 祖宗伊 須臾之間

厓亦必感顔而不格之矣羅豆 禮伊 曰尊祖敬宗伊五 敬

宗故民知孝豆 多 伊羅 爲

호련ᄒᆞᆫ즉 사ᄅᆞ미 ᄯᅩ 회영ᄒᆞ니 ᄯᅩ 슬ᄒᆞᄉᆞᆯᄂᆡ 오ᄆᆞᆯ ᄒᆞᄂᆞᆫ ᄇᆡᄉᆞᆯ

련도 올ᄭᅡᄉᆞ ᄀᆞᆯ 공경ᄒᆞ고 ᄆᆞᄃᆞ시 공경ᄒᆞᆫ 고로 ᄉᆞᆫ 공

ᄒᆞᆫ니ᄋᆡ 슈ᄅᆞᆯ ᄇᆡᆼᄒᆞ야 머리 ᄀᆞ미 이ᄂᆞᆫ 고 ᄒᆞ나 ᄇᆡᆯ ᄂᆞᆼᄒᆞ야 ᄂᆞᆫ

미다니 셩인니 이ᄉᆞᆼ을 ᄌᆞᆸᄌᆞᆼᄒᆞ사 다ᄉᆞ 간ᄉᆞ 몽잉ᄋᆡ ᄉᆞᆸ

부ᄆᆞᆯ ᄇᆞᆯᄀᆞᆼ이라 ᄂᆞᆯᄋᆞ ᄒᆞ드ᄃᆞ시 ᄌᆞᆫᄃᆞ니 ᄆᆞᆫ ᄂᆞᆯ ᄂᆞᆯ ᄋᆞ

며 아ᄭᅩᆫ ᄅᆞᄃᆞᄒᆞ야 ᄋᆞᆯ시 ᄆᆞᄃᆞ 이ᄇᆞ ᄉᆞᄋᆞᆸ ᄉᆞᆸᄃᆞ아 ᄌᆞ시 ᄉᆞᆸ

ᄒᆞᆫ禮 ᄉᆞ ᄉᆞᆯ ᄒᆞᆼᄒᆞ고 ᄒᆡ 건 ᄀᆞᆼ ᄌᆞᆼᄋᆡ ᄋᆞᆸ 시

우편안ᄒᆞ시미ᄒᆞᆫ보오사ᄃᆞᆫ여니ᄆᆞᆯ긴ᄒᆞᆫ가ᄒᆞ나간ᄋᆞ지ᄂᆞᆫ보ᄋᆞᆸ
기ᄂᆞᆯ로사오나완고어버일공경티아니ᄒᆞ거니와ᄒᆞ온명ᄀᆞᄒᆞ니
바어고어버일ᄉᆞ랑티아니커니와ᄒᆞ온명ᄀᆞ아ᄉᆞ미면ᄋᆞᄉᆞ온ᄃᆞ
리롭ᄌᆞᆫ고ᄂᆞᆫ소쳐가지고져니ᄀᆞᆷ약ᄉᆞ미ᄉᆞ보롭ᄌᆞᆫ고ᄂᆞᆫ우리ᄃᆞᆫ
앗고셔너기며ᄋᆞᄉᆞ미어니니ᄋᆞᆺ거든그차와ᄃᆞ며엿ᄌᆞ오며ᄋᆞᄉᆞ미
험리ᄋᆞᆺ거든닐어내엽보표ᄒᆞᆫ니제죵오고ᄀᆞ법을ᄉᆞᆯᄋᆞ
여엄ᄒᆞ야ᄋᆞᆺ비ᄂᆞᆫ얏ᄉᆞᆸ노주오려시며고만니보단길을니벗거든
아ᄉᆞᆸ빋ᄂᆞᆫ받ᄉᆞ니ᄋᆞᄂᆞᆫ다ᄒᆞ노피ᄋᆞᆯᄒᆞ여ᄂᆞᆫ구ᄒᆞ엽ᄉᆞ로니ᄉᆞᆼ애ᄉᆞᆸ
니바ᄉᆞᆸ오ᄂᆞᆫ롭ᄒᆞ이나ᄋᆞᄃᆞᆫ고엿로ᄒᆞ올ᄒᆞ모ᄒᆞᆫ법ᄉᆞᆸ오ᄂᆞᆫ
브ᄉᆞᆸ고ᄋᆞᆷ롭ᄉᆞᆷ인으로엿오아고로ᄉᆞᄂᆞᆫ오니ᄆᆞᆯᄒᆞᆫ니ᄃᆞᆫ

10a

厚親宜 어믜편혼인편아숩사교옴

宗族者同姓之骨肉親姻者異姓之骨肉故以厚

親誼大之 아븨녀그론동셩엣아숨미오어믜녀근이셩엣아숨미니어믜편혼인편아숨후히홈믈버거ᄒᆞ노라

人旣知重其族黨爲伊五 又有母黨之親亦爲有妻黨之親亦爲

有累世之姻亦爲者新締之姻爲尼 人於妻黨新親隱里未有

不知愛重者則於尼 至於母黨之親隱 能恤而念之者鮮

矣親亦尼 母黨之親乙 不能念之則累世之姻矣 依微屋 不

相關亦爲 慶弔足 不相問乙 從可知矣多 奴 是則不重母

黨者隱 不孝其母也五 不重世姻者隱 不敬其祖也羅

也者是尤王所務行仁義者爲旀 又建官置師爲旀爲有

□姓也故教以睦爲時爲其有異姓也故教以姻爲尼
之爲從教之伊或不率也爲乙可舍於是乎尼有不睦不姻
之刑焉爲時爲尼然則親誼之道伊先王之所重尼可不篤
武尙詩曰我見舅氏乎尼如母存焉敎又曰婚姻之故叱
言就爾居豆伊羅爲多

실롬미셰동셩앗숣을펴히니고로말ᄋᆞᆷ오도ᄡᅥ어미녀ᄀᆞᆯ앗숣노이시
며ᄀᆡ지시빈녀ᄀᆞ앗숣도이시며오랄조샹엇사논도이시며ᄡᅦ도ᄌᆞᆫ
신논도잇ᄂᆞ니사ᄅᆞᆷ이ᄀᆡ지시빈녀ᄀᆞ재앗숩련늉ᄒᆞ니ᄀᆡ스랑호
며미녀ᄀᆞ앗숣라이옷비녀ᄀᆡ스랑ᄒᆞ미잇ᄂᆞ니라어미녀ᄀᆞ앗스
블스랑ᄒᆞ미고ᄋᆞ면ᄋᆞ라사ᄅᆞᆷ이ᄀᆡᄀᆞᆺ스랑스ᄅᆞᆯᄒᆞ며고ᄅᆞ치니

슬ᄇᆞ리ᄃᆞ아니ᄒᆞ옴ᄆᆞ아라ᄃᆞ모ᄃᆞ니ᄋᆞᆫᄋᆞ미ᄃᆞ글ᄒᆞ옵ᄋᆞ이ᄃᆞ니

너기면그어미ᄅᆞᆯ브리쇼ᄒᆞᄂᆞᆫ닌오라사도ᄂᆞᆫᄒᆞ오ᄃᆞ니

면그조상ᄋᆞᆯ공경ᄒᆞ야니ᄒᆞᄂᆞᆫ니라ᄒᆡᄂᆞ니미몸소어다일ᄒᆞ시

고ᄌᆞᆫ마ᄉᆞᆷ밍ᄀᆞ라ᄀᆞᆯ칠ᄉᆞ승을두시니즁셩이쇼ᄆᆞᆯ로ᄀᆞᄅᆞ쳐

화동ᄒᆞ시며이셩이쇼ᄆᆞᆯ로ᄀᆞᄅᆞ쳐사교에ᄒᆞ시니ᄒᆞᆫ갓ᄀᆞ로

치모로ᄆᆡ아녀ᄒᆞᆫ갓ᄒᆞᆫ샤동셩화동ᄐᆡ아니ᄒᆞ며이셩사고

디아니ᄒᆞᄂᆞᆫ형뎨ᄅᆞᆯ두시니그권ᄒᆞ면이셩사고요ᄅᆞᆯ녜ᄉᆞᆸ고

미몽ᄒᆞ너기샤ᄃᆞ모시ᄋᆞᄂᆞᆫ오ᄂᆞᆫ디게어미오라빌ᄂᆞᄒᆞ야미인ᄂᆞᆫ

즁예얼ᄌᆞᆫ님오ᄃᆞᆫᄋᆞᆫ이ᄂᆞ져ᄉᆞᆯ로네게와사노ᄒᆞᆫ도다

[illegible]里 이우ᄉᆞ므숄ᄒᆞ여옷비ᄂᆞᆫ품

由親以及疎故以恤隣里次之 친ᄒᆞ니로브터 먼ᄃᆡ 미츨ᄉᆡ 라 이웃ᄆᆞᄋᆞᆯ 블샹히 너기미
버금ᄒᆞᄂᆞ니라
家之有隣伊 猶衆木之成林 然後 可以蔽風雨也羅 孟
子曰 鄕田同井伊 出入相友爲旀 守望相助爲旀 疾病厓 相
扶持伊羅 爲古 周禮厓 五家乙 爲比爲也 使之相保爲旀 五比厓
爲閭也爲 使之相愛爲旀 四閭厓 爲族也爲 使之相葬爲旀 五族
厓 爲黨也爲 使之相救爲旀 五黨厓 爲州也爲 使之相賙爲旀 五
州厓 爲鄕也爲 使之相賓爲 蓋欲使民奴 歡欣交通而成
和睦之俗也羅 貧而睦隣則有無可以相濟也旀 富
而睦隣則緩急可以相援也 况也有不恤隣里爲

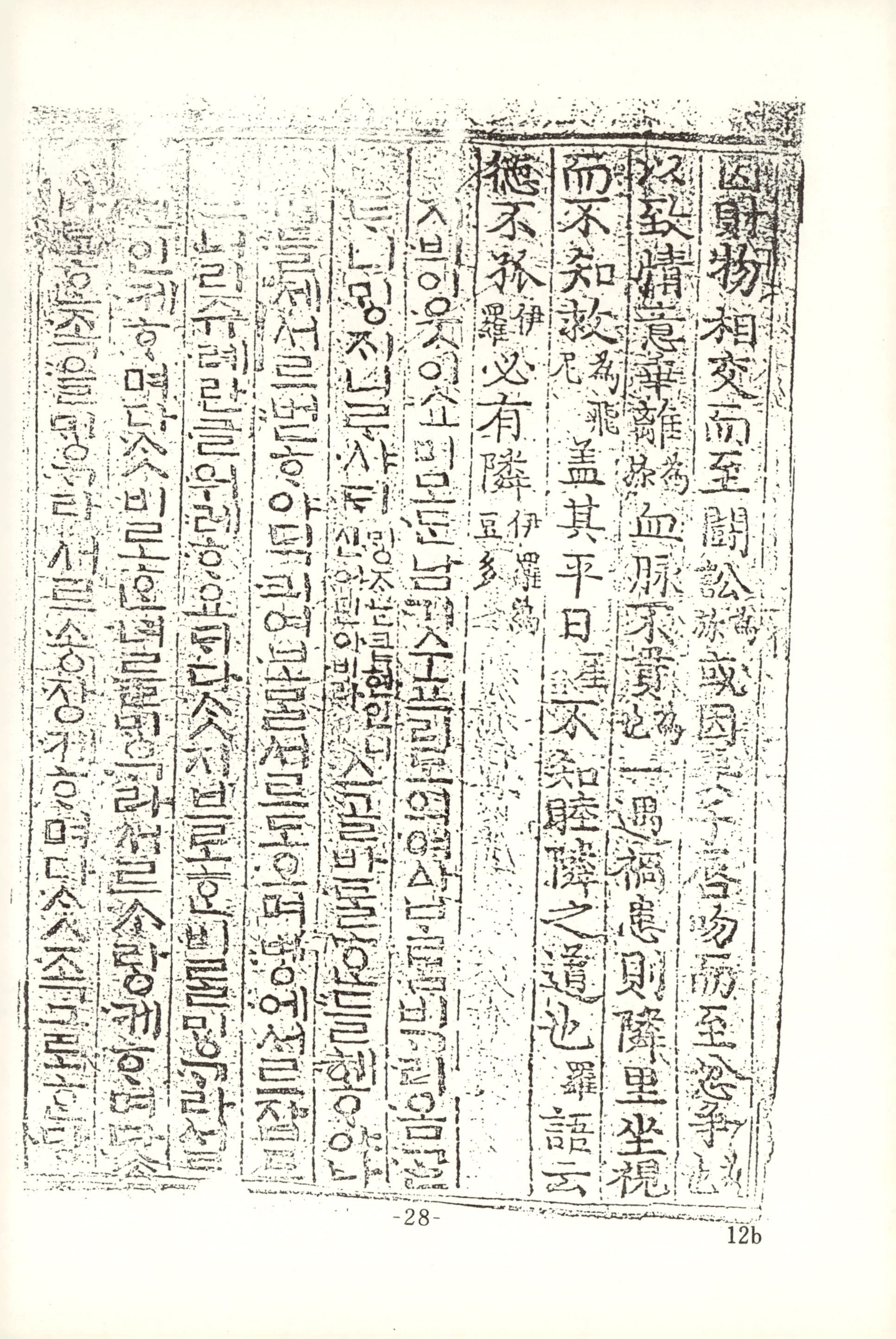

因財物相交而至鬪訟爲或因言乎語而至忿爭爲

以致情意乖離爲血脉不貫乎爲一遇禍患則隣里坐視

而不知救爲乎尼 盖其平日 不知睦隣之道也 語云

德不孤伊羅必有隣伊羅爲豆多

ᄌᆡ보이 [illegible] 모ᄃᆞᆫ 남 [illegible] 음ᄌᆞᆫ

ᄃᆞ니 [illegible] ᄉᆞ고리 [illegible]

[illegible] 서르 [illegible] ᄒᆞ야 [illegible]

[illegible] ᄒᆞ요 [illegible]

[illegible] ᄒᆞ면 [illegible]

[illegible]

흥인이 셔ᄅᆞᆯ 구ᄒᆞ며 다ᄉᆞᆺ 숑이 무슈ᄅᆞᆯ 몽이 ᄒᆞᆯ 슈ᄂᆞᆫ
의수근ᄒᆞ며 ᄃᆞ시 슌ᄆᆞ조연 향을 밍ᄀᆞ라 셔로 소삼게 ᄒᆞᄂᆞ니
고 ᄇᆡᆨ셩으로 ᄒᆞ여곰 그ᄉᆞ고 여ᄒᆞᆫ 동을 표송 속ᄀᆞ로 외오 ᄀᆞᄅᆞᆷᄒᆞ
ᄂᆞᆫ이라 가ᄂᆞᆫᄒᆞ고 이우 졈사괴면이 신것 업ᄉᆞᄂᆞ 거슬 구ᄋᆞ시
러 건리 ᄎᆞᆺ고 ᄀᆞᆺ멸오 이오 ᄌᆞᆷ사괴면 밧ᄇᆞᆫ 체이셔도
셜구 완ᄒᆞ리 ᄀᆞᆫ이제 이쇼ᄂᆞᆫ이 우쥬ᄉᆞᄅᆞᆷ티 아니ᄒᆞ여 시옥
볼셔 셜ᄀᆞᆺ 쉬셔 사화ᄀᆞ 우ᄌᆞᆼ 여시 ᄇᆞᆨ쳐 ᄌᆞ셔 ᄀᆞ이 엽헐 ᄂᆞᆫ오
도ᄅᆞᆯ 블ᄆᆞᆯᄒᆞ여 ᄀᆞ노 수미 가ᄀᆞᆺ 우ᄃᆞᆫ 고ᄋᆞᆫ ᄂᆞᆫ고 ᄃᆞᆫ 아나 ᄇᆞᆸ
ᄉᆡᆼ여 권은 ᄆᆞᆯ이 ᄃᆞᆫ료 이옷 ᄉᆞᆯ헌 ᄃᆞᆫ 샤코 고ᄀᆞ ᄒᆞᆫ ᄂᆞᆫ ᄆᆞᆯ ᄅᆞᄒᆞ
ᄇᆞᆯ고 엳상ᄋᆡ 이옷 사고 ᄋᆞᆯ주ᄅᆞᆯ ᄆᆞᆯᄆᆞᆯ ᄅᆞᆫ ᄒᆞ고 ᄂᆞᆫ ᄆᆞᆯ

유덕ᄀᆞ호오자아니라모ᄃᆞᆯ잉우지잇ᄂᆞ니라

愼交友 벋들삼가ᄒᆞ야사괴라

欲進其德必資朋友故以愼交友次之 그너켸나ᅀᅡ가려홀뎐모로미벋의게ᄌᆞ뢰ᄒᆞᆯ거시라벋삼가아사괴욤을버거ᄒᆞ노라

友也者 隱 友其德也 尼 自天子 以 至於庶人 伊 莫不資友以成其德也 羅 是故 以 進德言之則有切磋之益 古 爲 以脩業言之則有匡正之功 古 爲 以行事言之則道其所當爲而輔其所不及 尼 此 人之大倫 伊 有五而朋友其一焉 伊 尼 自堯舜之爲君 果 伊傅周召之爲臣 伊 皆不能一日無友 尼 世道既衰也 爲 君臣父子夫婦長幼

鮮古其道乎 背爲無賢師友以輔導之故也羅 維絲有

君子之友爲於 有小人之友爲尼 君子之友則薰陶漸染也爲

以成其善爲古 小人之友則薰陶漸染也爲以 以成其惡爲尼 飛

此朋友之所當愼也羅 愼也者隱 擇其善者而從之爲古 不

善者而遠之尼 語云 友直友諒友多聞益矣五 友便

辟友善柔友便佞損矣羅爲豆多

벋디한거슨그허글벗삼ᄂᆞ니님금브터샹인[illegible]니르

히아니벋드는지오ᄒᆞ야어딘그를모로리오이런져로덕을[illegible]

삼갈디니맷벋기ᄅᆞᆯ처ᄋᆞᆷ의삼가고ᄆᆞᄎᆞᆷ내[illegible]니고

[illegible]ᄆᆞᆷ이잇고[illegible]구이ᄒᆞ여[illegible]인ᄂᆞ니

고ᄅ미차간ᄆᄅᆞᆷ닌니 그런옴흘 시름ᄆ고 인륜니ᄉ

가지로 ᄃᆡ번 ᄃᆡᄒᆞᆫ 나해 혀언니라요(름사) 학곤 숌(름사) 곤시니 남곰

도이시며 이윤(름사) 부열(름사) 쥬공(름사) 쇼공(름사) 곤 신니 신해 ᄒᆞᆫ등은

샤 도당으로 노변 업시 몬ᄂᆞᆼ시더니라 시절리 상오나와 님

구미시며 신해며 압겨 셕구며 남진니며 겨집비며 얼운

니며 아ᄒᆡ 그로 롯숨 아니옵믄 다 어디스숨 변니로 ᄒ힌논흥

리 엇숨모로 그럼ᄒ니라 그러ᄒ니 어디본뇨 이시며 샤오니오

본도 잇ᄂ니 어디번 븐 보비호ᄃᆞᆯ마 어디 인을 ᄒ으고자 오ᄂ다

번ᄂ 보비호ᄃᆞᆯ 나 옥을 ᄒᆞᆫ니 이번 늘 삼가사 괴일리

삼궐 디ᄆ디 어디라 관ᄒ아 쫏고 어디ᄃᆡ여 나ᄒ니ᄃ

[illegible]

[illegible]므유익ᄒᆞ고편편교슈ᄒᆞ오니샹을보ᄂᆞ니라

[illegible]ᄌᆡᆨ니번ᄒᆞ오면유해ᄒᆞ리라

待幹僕 종ᄃᆞᆯ졉ᄃᆡᄒᆞ여ᄇᆞ리옴

進德資於朋友理家擇其幹僕故以待幹僕次之

ᄃᆡ게나사가문벋되게조뢰ᄒᆞ고집ᄇᆞᆺ일ᄒᆞ요믄옷듬죵

을골희거시라죵ᄃᆞᆯ졉ᄒᆞ기ᄅᆞᆯ버금ᄒᆞ노라

夫主之於幹僕(厓)庇其家而往之(音 爲古)幹之於主(厓)仰其

食而代其勞(爲 飛)嚴以繩之則下不敢縱其好(五 [illegible])寬以

待之則下(伊)蒙覆而懷其恩(爲 [illegible])是故令必竭心腹而事

其主則以財用而資幹[illegible]令[illegible]可以[illegible]家道可

得而隱也里羅若從之大過也爲保於間讓之邪言爲後子

在家之安佚爲面此所以尾大不掉爲旀大阿乙倒持而首

之語也羅嘻羅強幹弱主爲旀濟公肥私伊爲古今之昭

鑑也伊紀綱之僕伊幾何人哉里五所在主者亦脩身寬嚴

以待下耳羅故司馬公曰凡爲家長者必謹守禮法爲也

以御家衆也爲分之以職爲旀授之以事而責其成功伊羅

ᄒᆞᆯ것시죵의게그십브런권셔의을맛다고죵이ᄒᆞᆼ거시

오게음식그릇을어러셔그릇ᄇᆞᆨ이을무신ᄋᆞᆫ니엄ᄒᆞ고ᄒᆞ면이

사ᄅᆞᆷ미간섀ᄅᆞᆯ맛죵ᄒᆞ모로고판ᄒᆞ게ᄒᆞ면어ᄃᆞᆫ사ᄅᆞᆷ

이ᄂᆞᆫᄒᆞᆫ들ᄉᆞ랑ᄒᆞ고ᄆᆞᆫ니ᄀᆞᆫᄉᆞ죵이ᄆᆞᄋᆞᆷᄉᆞᆷᄉᆞ랑ᄒᆞᆫ것

셩ᄒᆞ고항거ᄉᆞᆫᄇᆞᆯ거ᄉᆞ로좀을ᄊᆞ주고나좀과항거시ᄉᆞᆯ
ᄇᆞᆨ솜모로힘ᄉᆞ면집빗이리로ᄋᆞᆼ라관ᄒᆞ다가너브미되ᄉᆞ이
예ᄉᆞ마려ᄌᆞᄒᆞ다맛디고나ᄂᆞ지비편안ᄒᆞ이쇼몰됴ᄒᆞ녀기
면이ᄂᆞᆫᄊᆞ리거휘ᄉᆞ로디모ᄒᆞ며갈ᄉᆞᆸ올갓ᄉᆞ고로자밧고몰
롬ᄒᆞ니라차ᄋᆞᆸ다ᄌᆞᆷ은광ᄒᆞ고항거ᄉᆞᆫ약ᄒᆞ며구읫현여
위ᄒᆞ고아ᄃᆞᆯ녀려ᄉᆞᆯ지우미녀며이셰볼거우리라ᄒᆞᄉᆞ든
도이미ᄃᆞᆯ좀이며치료ᄒᆞᆼ거ᄉᆞ롬가지몰관ᄒᆞᆼᄒᆞ며업업
히ᄂᆞ니젼오매잇ᄂᆞ니라ᄉᆞ마ᄋᆞᆫ공이니ᄅᆞᆯ사ᄅᆞᆷ의가당이ᄆᆞ로
ᄆᆞᆯ려법고로집빗ᄉᆞ람들쳬여ᄒᆞ야소이믈로ᄒᆞ와일ᄆᆞᆺ
ᄆᆞᆯ오라고찬ᄇᆞᆫ이리라

諺喪祭상ᄉ졔뎐[illegible]

人倫之道旣明喪祭之禮亦重故以諺喪祭次之

사ᄅᆞᆷ의ᄒᆡᆼ을도리를볼겨든상ᄉ졔뎐ᄒᆞᆯ례되
ᄯᅩ즁ᄒᆞᆫ고로상ᄉ졔뎐삼가믈버거ᄒᆞ노라

大孝隱終身慕父母爲飛尼罔極之恩伊豈三年之喪矣

是以報哉里五聖人伊特爲之中制也爲不使之過旀爲不使

之不及故以三年爲節尼爲特然而孝子之心厓未嘗一

忘其親也尼羅自三年而下厓有期年之服爲旀有大功

小功緦麻之服爲尼皆別親疎而爲之隆殺耳羅世之人

[illegible]往往不知期功之服伊羅以至居喪三年厓食稻衣錦

[illegible]不爲爲飛尼此孔子所以責宰予之不仁[illegible]

亦上他伊 送終厓 不務實効爲古 專尙虛文爲也 至有崇爲

虛無爲於 廣設佛事爲也 出殯則幡幢伊 蔽路爲於 鐃鼓伊 喧

天爲也 尙徇一時之美觀伊五 不思死者之無益爲也 因此傾

貲蕩産爲也 貽累子孫者多矣[illegible] 焉得爲孝乎里五 孔子

曰禮伊 與其奢也奴隱 寧儉伊五 喪伊 與其易也奴隱 寧戚伊羅

爲時 多

션효로ᄂᆞᆫ 모미 ᄆᆞᄎᆞ록 어버ᅀᅵ를 ᄉᆞᆯ오ᄂᆞ니 ᄀᆞᆺ업슨 ᄆᆞᅀᆞᄆᆞᆯ

삼년 ᄉᆞ오ᄅᆞᆯ 승ᄉᆞ ᄒᆞ고 ᄆᆞᆯ오 셩인ᄋᆞᆫ 법을 ᄆᆡᆼᄀᆞ라 ᄒᆞ고

목숨이니 귀천 업시 다 ᄒᆞᄂᆞ니 삼년 ᄉᆞ지 ᄌᆞ장ᄒᆞ여 모ᄅᆞ로 ᄉᆞᆷᄀᆞ ᄒᆞᆫ

리ᄒᆞ면 인니 ᄉᆞ람 삼년 아래 ᄀᆞᆫ니 졔도이 ᄉᆞ며 매우 ᄒᆞ엿ᄂᆞᆫᄋᆞᆷ

17a

쇠마복졔도 잇ᄂᆞ니 다 친ᄒᆞ니 ᄆᆞ니ᄅᆞᆯ 혀여 뎨ᄅᆞᆯ 빙ᄌᆞ니라

샹녜 사ᄅᆞ미 ᄒᆞᆨᄀᆞᆫ 복졔 모ᄅᆞᆯ ᄲᅮᆫ 아니라 삼년 봉상애 노롬

밥 머그며 됴ᄒᆞᆫ 옷 니버 아니ᄒᆞᆯ 일 업시 ᄒᆞᄂᆞ니 이 공ᄌᆞ의 ᄌᆞ예

오요ᄆᆞᆯ 최ᄒᆞ샤미라 지ᄋᆡ 노공ᄌᆞᄉᆞ데 저니 봉상ᄆᆞᄅᆞᆯ 더러ᄒᆞ여 지ᄅᆞᆫᄒᆞ여 놀ᄅᆞᆷ지 외다 ᄒᆞ시니라 그러나 세쇽기

숑쟝을 진지 일런 ᄒᆞᆷ병 ᄒᆞ니ᄒᆞ고 헛이ᄅᆞᆯ 공샹ᄒᆞ여 쇽졀업

슌불ᄉᆞᄒᆞ여 숑쟝ᄒᆞᆯ 졔 개번 ᄂᆞᆷ오 좀ᄆᆞᆺ샤 두ᄅᆞ례 일ᄉᆞ예 됴

히 보ᄆᆞᆯ 좃고 주근 사ᄅᆞᆷ 믜 컷갸 ᄇᆞ의 ᄒᆞ오ᄆᆞᆯ 혜ᄃᆞ 아니ᄒᆞ여 일로 세간

ᄂᆞᆫ 배여 조손ᄂᆞ의 ᄉᆞᄅᆞᆷ ᄆᆞᆺᄀᆞᆯ 만ᄒᆞ니 어디 효도라 ᄒᆞ리오 공ᄌᆞ니

르샤ᄃᆡ 례되 샤치ᄒᆞ오ᄆᆞ론 검박ᄒᆞ오미 올코 상ᄉᆞ애 구초ᄒᆞ오ᄆᆞ론

슬허ᄒᆞ오미 샹올ᄒᆞ니라

重墳墓 분묘를듕히간슈홈

安厝宅兆喪祭之大者也故以重墳墓次之 됴흔디 보아안

장호미상ᄉ졔뎐네믄겨신ᄀ시

분묘듕오호믈버거ᄒ노라

子孫之於祖宗厓猶木之於土也羅土肥潤則木茂盛

為古土磽燥則木伊枯槁為旀祖宗伊安則子孫伊繁衍

為古祖宗伊不安則子孫伊陵替未乎理必然也羅尼墳墓者

隱祖父之所由歸厓所貴乎有子孫者隱為其死而墳

墓伊有所托也羅若墳墓乙不守而冀後嗣矣昌榮未乎

猶濶其源而望其流之長伊羅安有此理哉五里昔屋後山

先塋伊為甄氏也為作思亭記伊余肖曰見林木古為思其[illegible]

者爲亦望榛棘爲古 思以爲薪亦爲 上丘壠也爲 思欲其所藏伊羅

爲免斬伐墳木伊 那有常刑旀爲 掘祖壠乙 論同大逆爲遣

爲子孫者伊 常以保護墳墓奴 爲心則祖宗伊 安寧於冥

冥之中也爲 子孫伊 獲福於昭昭之際矣里羅 孝經云卜其

宅兆而安厝之羅爲豆多

ᄌᆞ손ᄂᆞᆫ 어버ᅀᅵ게 남ᄀᆞᆯ 올고거든, 나홀 ᄀᆞᄯᅡᆼ 혀면 나ᄀᆞ 쳥ᄒᆞᆼ

보홈기미ᄃᆞ면 남ᄀᆞ이 우ᄂᆞ니 어버ᅀᅵ 편안ᄒᆞ면 ᄌᆞ손ᄂᆞ 복엳

ᄇᆞ고 어버이 편안ᄐᆡ 아니ᄒᆞ면 ᄌᆞ손니 ᄉᆞ오ᄂᆞ고 이ᄂᆞᆫ ᄀᆞ리븐

ᄒᆞ니라 ᄂᆞᆫ 묘ᄂᆞᆫ ᄒᆞ니 ᄒᆞᆫ 간니 리라 ᄌᆞ손이 잇고 묘ᄀᆞ히 ᄒᆞ니 묘

衆로 묘의 ᄀᆡ 이자 ᄀᆞᄒᆞ야 ᄂᆞᆫ 몰묘ᄅᆞᆯ 수ᄒᆞ고 ᄅᆞᆯ ᄂᆞᄋᆞ

효우 손ᄂᆡ 어믜와 ᄃᆞᆼ오미 믉그원 날우 여고셔 ᄒᆞᆯ근

모ᄅᆞᆫ오ᄃᆞᆼ 옴과 ᄀᆞᆯ트니 어디 이러ᄒᆞᆯ니 이시료 ᄒᆞ네우 산션ᄉᆡᆼ이 글

지ᄋᆞᆸ니 날사ᄃᆡ 후산션ᄉᆡᆼ이 견시원ᄒᆞ여 수ᄉᆞᆼ괴를 지스니라 분묘앳 남글 보고 ᄎᆞ목삼

고쳐 너기며 섭를 보고 뷔여 ᄃᆞᆫ 고쳐 너기며 무덤을 보고 궤ᄉᆞᆯ 거

슬 낭오져 너긴 ᄃᆞᆺ ᄒᆞ니 후 몰며 분묘앳 나모 버히면 나라히 죄

주시고 무덤을 파내니는 ᄀᆞᆫ지 ᄉᆞᆷ네 ᄒᆞ니 ᄌᆞ손이 상녜 분묘관

소호모로ᄃᆞ 소음을 머그면 ᄒᆞ나 버시뎌 송ᄋᆡ 셔 편안ᄒᆞ야 조손

니 이성애셔 복 ᄀᆞᆯ니 브리라 ᄒᆞ여ᄂᆞᆫ 어ᄃᆡ 늘부 ᄃᆞᆫ 무등미를 므르녹

여 ᄋᆞᆯ 쟝ᄋᆞᆫ 이라 ᄒᆞ니이 도다

[illegible] 뎔 업ᄉᆞ니 신이 바ᄃᆡ 말[illegible]

昔宗寶墓所當謹重諂瀆鬼神則惑矣故以遠遙

祀之以之 상ᄉᆞ뎨ᄃᆡ분묘ᄂᆞᆫ참가ᄃᆞᆼ히너길거시어니와다ᄅᆞᆫ귀신ᄃᆞᆯ아
당ᄒᆞ야ᄉᆞ졔ᄒᆞ야반ᄃᆞ시관ᄃᆡ거시라ᄂᆞᆷ절업시며반졔ᄉᆞ아니홈

호노ᄅᆞ

夫祭祀之禮伊各有等差爲也截然而不可紊也尼秦漢以來叚惑於方士爲也以故叚鬼神靈仙虛無怪誕之語伊盛行于世爲於又謂虐死不靈之鬼伊羅爲㢱豈非識理明義之士五伊里世俗巫禱伊狂妄尤甚爲也祠土神爲於結會社爲也迎紅羅馬之娛叱跳浪兵械之戲伊往往不顧禁令爲旨聚年少爲也求福免禍爲於名爲諂瀆爲㢱假使多設祭祀爲伊羅神亦不享爲五里誠能順理脩爲

爲者事祈諂伊羅豆 神必降福爲里羅 易曰自天佑之伊羅爲臣

無禾利伊羅爲豆多

졔ᄉᆞ홀녜각각찬ᄉᆞᆼ이셰번드구서로샷도몰ᄒᆞ올구시라ᄉᆞᆫ시

절브터한시절브터경소도류의게소가귀신니며신셔ᄂᆞ거ᄉᆞᆺ

괴이ᄒᆞᆫ말리만ᄒᆞ나도니며ᄯᅩ브오되굽ᄑᆡ주거녕ᄐᆡ아ᄒᆞᆫ

권ᄒᆞ거시라ᄒᆞᆼ권마ᄂᆞᆫ권ᄒᆞᆯ어ᄉᆞ피석니ᄒᆞᆫ언난샬미ᄒᆞ니료

셰쇼개ᄉᆞᄉᆞᆼ이간대로비셰원ᄒᆞ오미미츄미심ᄒᆞ야셔ᄒᆞᆼ이

바ᄂᆞ며ᄒᆞᆼ야ᄂᆞᆫ무서ᄇᆡ예가ᄂᆞᆯ며ᄆᆞᆯᄐᆡ오ᄂᆞᆯ며ᄆᆞᆯᄉᆡ도ᄆᆞᆷ오며ᄒᆞ오

살가자고로라ᄆᆞᆷ되ᄆᆞ로ᄒᆡ법ᄉᆞ티아니코져므ᄂᆞᆫ사ᄅᆞᆷ고ᄂᆞᆫ교ᄒᆞᆯ

공ᄋᆞᆫ교이ᄀᆞᆯ면ᄂᆞᆫᄒᆞ여지라ᄒᆞ야ᄇᆞᆯ으ᄉᆞᄒᆞᆷ아ᄂᆞᆼ으여ᄂᆞᆷ篇ᄋᆞ

니마ᄂᆞᆫ 찬ᄒᆞ여 온거ᄉᆞᆯ 관ᄒᆞ면 이바ᄂᆞᆫ 가지고 음ᄒᆞᄂᆞ니

니코 진실로 니ᄋᆞ올히ᄒᆞ면 밥져온나ᄒᆞ연 국시 보ᄅᆞᆯ

주ᄅᆞ라 유역에 날오지 한 힐ᄂᆞᆫ 오시니 ᄆᆞᆸ고브리ᄒᆞᆫ 일 업ᄂᆞ니

務本業 녀름지이 힘서ᄒᆞ옴

結社迎神虞聚ᄂᆞᆫ少故以務本業效之 향ᄒᆞᆯ무어 님신이 밧고 라솔절업실ᄇᆞᆯᄒᆞ지

홀시 녀름지이 힘스믈 버권ᄒᆞᆼ노라

古之爲民者伊 四尼 士 農 工 商 是也羅 士勤於詩書

則可以致身心膺爵祿伊五 農勤於耕稼則可以豊衣穀

免飢寒伊五 工勤於技能則可以作什器易衣食伊五 商勤

於懋遷則可以積貨財通有無是四者 皆古今民之

事業伊仰足以事父母爲旀伊俯足以育妻子爲也樂歲伊余終
身飽爲古凶年厓免於死亡爲尼里由其務本而不失生業
故也羅世不務此爲也乃有游手好閑之徒伊不遵父母
之訓爲旀不顧妻子之養爲也飾其外以悅人爲旀忘其生以
徇欲也爲以至博奕於茶房爲旀遊戲於酒肆爲也起滅詞訟
爲旀脫賺錢物爲尼飛此等之民隱如無根之木伊旀無源之
水伊羅時和歲豊爲面隱猶或可以偷生伊尼於卧凶年饑歲伊余不
相聚爲盜賊爲也轉死於溝壑爲尼飛由其不務本而失生
業故也羅孝經云用天之道爲旀因地之利爲也謹身節用
爲也以養父母伊此庶人之孝也伊羅爲豆多

녜빅셩은ᄂᆞ의리네가지니냥반과녀름지ᅀᅵ리와공쟝와ᄎᆞ

와흥졍와차라냥비니글ᄒᆞ기를브즈러니ᄒᆞ면가이모ᄅᆞᆯ

어딜에ᄒᆞ야벼슬ᄒᆞ리며녀름지ᅀᅵ리받가래를브즈러니

ᄒᆞ면가이곡셕글마니두어주의리며치우를면ᄒᆞ며공쟝

이셩녕을브즈러니ᄒᆞ면가이쁠거슬밍ᄀᆞ라옷바블밧

고며흥졍ᄒᆞ리ᄂᆞᆫ니기를브즈러니ᄒᆞ면가이ᄌᆡ보ᄅᆞᆯ사한

어이신것업슨것상통ᄒᆞ리니네일른녜며이제빅셩의

사ᄅᆞᆷ이라우ᄒᆞ로어버이를셤기며아래로쳐ᄌᆞ식글쳔ᄒᆞᆼ

히여도죽도록비브로고상오나ᄋᆞᆯᄒᆞ여도주그믈면ᄒᆞᄂᆞ니그론

무ᄅᆞᆫ서ᄉᆡᆼ계를일리아니ᄒᆞ오며ᄉᆞᆯ이젼이를힘ᄡᅳ디아니ᄒᆞᆼ

야ᄉᆞᆫ 믈ᄋᆞᆯ 엿고 ᄂᆞᆫ 사ᄅᆞᆷ미 어버ᅀᅵ 그ᄅᆞᆺ ᄎᆞ몸조ᄎᆞ디 아니ᄒᆞᄂᆞ니 ᄎᆡ
조식ᄎᆞ 몸ᄂᆞ라 보디 아니ᄒᆞ야 밧고로 빗나 몸 ᄀᆞ시며 사ᄅᆞᄆᆡ
를 니셔 욕ᄉᆡᆼ을 조차 ᄎᆞᆫ고 ᄂᆞᆫ 지비 귀ᄌᆡᆼ과 바독ᄒᆞ며 술지비
간ᄂᆞ녀 그희 종닐오ᄃᆡ 조믈 우려 아인 ᄂᆞ니 이런 사ᄅᆞᆷ ᄃᆞᆫ 불회
업스ᄂᆞᆫ 남 귀며 근원 업슨 ᄆᆞ리 ᄀᆞᆫ 티여 시ᄌᆞ리 ᄒᆞ면 시ᄒᆞ야 살로
졀ᄒᆞ이 시려니와 사오나온 ᄒᆞ면 모다 가도 주 ᄀᆞ나 의 여ᄀᆞᆯ 헝어
군ᄋᆞ렴 솝ᄀᆞᄂᆞ니 그 근본로 ᄒᆞ힘 ᄡᆞ디 아니ᄒᆞ야 시ᄉᆡᆼ괘 ᄆᆞᆯ일이ᄅᆞ다
시라 ᄒᆞ요경에 닐오ᄃᆡ ᄒᆞ리ᄅᆞᆯ 고ᄅᆞᆯ ᄡᆞ며 ᄡᆞ다 ᄒᆞ니ᄅᆞᆯ 인ᄒᆞ야 모ᄆᆞᆯ 삼
가 ᄉᆞᆫ졀ᄒᆞ야 ᄇᆡ샤 모ᄆᆞᆯ 오양ᄋᆞ미 이상해 사ᄅᆞ미 ᄒᆞ요ᄆᆡ라
柳田祖

既力能務本又當力田故以收田租次之[illegible]

가릴힘ᄡᅥᄒᆞ여 받ᄃᆡᆺ낙ᄉᆞᆯ 바ᄃᆞᆯ거시ᄉᆡ
받ᄃᆡᆺ공셰바도몰버겨ᄒᆞ노라

夫有祖則有役爲古有主則有佃爲厄爲乖爲主者隱憂其役之繁爲古爲佃者隱苦其祖之大重爲厄爲乖主之憂役伊卽佃之憂祖伊羅佃祖主役伊有關於時政伊如此爲厄故曰民主在勤伊羅勤則不匱伊羅爲厄浚其陂塘爲旀築其圍岸爲旀利其器用爲旀糞其田疇故能使稻禾奴登場爲也上不失務之賦伊下可以養父母妻子爲厄爲里爲主者亦[illegible]佃之勤勞爲也禾未熟也厓債穀以輕其息爲古禾既熟也平糴以定其額爲厄爲里不然則終歲之勤勞奴刈獲之

不伊一不足以償平日之逋欠也爲今年之苦伊又[illegible]

大年之荒矣里羅詢是人也奴代特積累不同爲旀氣有厚薄

伊乙若能栽培圭佃伊面可以悠久爲里羅爲人字牧者伊又

能憂民之憂爲也調護元氣羅沙斯能活民命而壽國脈也

伊里羅孟子曰百畝之田乙勿奪其時伊面八口之家可以

無飢矣伊里羅

공셰옷이시면그 우일리엇고받님재이시면받어오리ᄒᆞ리잇

고겨시니받님자신ᄂᆞᆫ고우일리하몰그시옴ᄒᆞ고어우리ᄂᆞᆫ공셰

니므되요몰그시옴ᄒᆞ나니ᄂᆞᆫ재그우일ᄂᆞᆫ그시옴오미고ᄃᆞ의리의

공셰그시옴오미라받갈사ᄅᆞ미조셰와님자ᄒᆞ구슬기졍ᄉᆞ해관계

ᄒᆞ미 인ᄂᆞᆫ 고로 ᄒᆞᆫ 셩의 셔로 미ᄆᆞᆺ츨 ᄒᆞ오매 잇ᄂᆞ니 ᄆᆞᆺ츨 ᄒᆞ오
편 업서 ᄐᆡ 아니ᄒᆞ리ᄆᆡ 못 ᄑᆞᆫ 인마ᄆᆞᄂᆞᆯ ᄌᆞ슬 연장을 료ᄒᆞ엿ᄉᆞᆸ
받ᄐᆞ 편우ᄆᆞᆯ ᄃᆞ리 실ᄒᆡ 건구엄을 우ᄒᆞ이ᄅᆞᆯ 고욋 공셰ᄅᆞᆯ 구ᄅᆞᆯ 아니ᄒᆞᆸ
아랄ᄒᆞ여 바ᄉ쳐 ᄉᆞ신 ᄀᆞᆯ 차리니 받ᄂᆞᆷ간ᄒᆞ야 우리의 슈구ᄅᆞᆯ ᄒᆡ여
볘니ᄀᆞ아니 졔곡식글 셔이고 거리ᄅᆞᆯ ᄍᆞ기 바ᄂᆞ며 뻬니 거ᄃᆞᄅᆞᆷ
되ᄅᆞᆯ 평ᄒᆞ여 바ᄂᆞ리니 그리 아니ᄒᆞ면 ᄒᆞ인ᄒᆞ 슈구ᄒᆞ여ᄉᆞᆸ
별ᄌᆡ미 슌오거슬 갑ᄂᆞᆫ니 ᄆᆞᆫᄒᆞ여 오ᄅᆞᆯ 슈구쳔년셜우미라
와ᄃᆞ 일리니 ᄒᆞᆫ 가ᄌᆡ 사ᄅᆞᆷ 미ᄋᆞᆫ갓 모ᄃᆞ옴미 ᄀᆞ리 아니ᄒᆞ면 ᄀᆞᆯ
ᄂᆡ ᄆᆞᆯ셰ᄇᆡ니 ᄂᆞ니 받ᄂᆞᆷ자 여우리ᄒᆞᆼ리 서ᄅᆞᆸ 못ᄌᆞᆫ 노ᄂᆞᆫ 옹ᄒᆡᄉᆞ가
ᄒᆞᆯ오 일ᄋᆞᆯ 나고 우이 ᄒᆞᆫ도 우리ᄂᆞᆫ 셔ᄇᆡᆨ셩이 ᄉᆞᄅᆞᆷᄉᆞᄅᆞᆯ이

이셰 근ᄒᆞ고 ᄃᆡ를 ᄒᆞ게 ᄒᆞ야 ᅀᆞ ᄇᆡᆨ셩의 ᄆᆞᄋᆞᄆᆞᆯ ᅀᆞᆯ아니 ᄅᆞᆯ오
오ᄅᆡ 거ᄒᆞ리라 명ᄒᆞᄂᆞ니 ᄉᆞᄃᆡ 일ᄇᆞ이 ᄅᆞᆷ발ᄃᆞ시 절을 ᄒᆞ야 ᄃᆞ아
니ᄒᆞ면 엳ᄂᆞᆫ 일ᄇᆞᆯ 칠지비 가 잇ᄉᆞ오리ᄂᆞᆫ 아니ᄒᆞ리라

崇儉朴 검박ᄒᆞᆷ을 숭샹홈

田租爲處家之本 儉約爲立身之本 故以崇儉朴次之 반ᄃᆞᆺ 나ᄉᆞᆫ 세간사롤 근본이오 검박ᄒᆞ고 졀려 ᄡᅳ믄 몸 가졸 근본일ᄉᆡ 검박ᄒᆞ옴을 버거ᄒᆞ노라

儉者 隱 不求奢侈之謂五 朴者 隱 不務華靡之謂 是古之人君 伊 有卑宮室而惡衣服者 爲旀 有惜百金而不作露臺者 爲旀 有以青□□緣寢殿帷帳者 爲旀 有宮中服御□用瓦器者 尼爲 彼貴爲天子 伊旀 富有四海 □□ 尚且節用

24a

況乎臣庶之家伊 禮制有分限爲旀 財産有窮盡而可

以僭肆侈靡也爲 不顧其後也哉 阿 食可飽而不必求珍

奇也伊旀 衣可煖而不必尙華麗也伊旀 廬可居而不必務

廣大也伊旀 吉凶賓嘉乙良 寧過於儉而不可過於奢伊旀 寧

過於嗇而不可過於豐伊乎 如此則一家之所需易足伊旀

一歲之所得易給伊羅 旣免稱貸擧息伊五 又且省事寡過

爲也 無求於人爲乎里 由是奴 富者隱可保其富伊五 貧者隱

不誹其貧也爲 一家之泰由此而興矣里乎 豈不樂哉五 孔

子曰以約乙 失之者鮮矣伊羅爲 時多

[illegible]ᄅᆞᆯ 사치 ○ [illegible]

이직블근츄ᄒᆞ고ᄀᆞ촐ᄉᆞ오나이ᄒᆞᆫ리난겨시며그믐오시ᄂᆞᆫ이
나ᄌᆞ스리노겨시며ᄑᆞ를보거ᄉᆞ로ᄎᆞᆷ뎐발셔노ᄅᆞ리도겨시
며궁을ᄇᆞᆼ에셔ᄡᅳ시ᄂᆞᆨᄀᆞ롯ᄉᆞᆯ갈어ᄉᆞ로ᄡᅳ시리겨시니ᄃᆞ리ᄀᆞᄒᆞᆸ미ᄃᆞᆸ
구미ᄉᆡ며가ᄉᆞ여ᄇᆞ므ᄅᆞ미나라호옵ᄂᆞ샤ᄉᆡ오ᄒᆞ려조ᄉᆞᆯᄒᆞ여ᄡᅳ시고ᄂᆞᆼ
몰며신ᄒᆞ샹사ᄅᆞᆷ미시ᄉᆞᆸ법졔당호오니이시며셰가니그츌ᄒᆞ리
이ᄉᆞ고뇨ᄉᆞᆷ히샤치ᄒᆞᆫ야옷ᄉᆞ이를혜ᄃᆞᆫ이아인ᄒᆞ려바비브ᄅᆞᆯ쎈니오구
뎡그ᄒᆞᆫ거ᄉᆞᆯ말ᄆᆡᆼ옷ᄉᆞᆯ더올셥니오그ᄃᆡ여ᄇᆞᆺ내말며시브ᄅᆞᆯᄉᆞᆯᄡᅢ라니
오ᄀᆞ틀여느ᄆᆞ고그커말며고ᄒᆞᆫ오일근촌일ᄉᆞᆯ후구여너모겁박교요
녀로사쳐ᄒᆞ닙말며ᄂᆞ믈ᄃᆡ일오ᄉᆞᆸᄂᆞ니며녕노ᄒᆞᆫ고말ᄆᆡ돌근ᄂᆞ랏ᄂᆞᆫ
오ᄌᆞᆫ손올들와며수첫습ᄋᆞᆸ교인ᄒᆞᆫ예ᄋᆞ이ᄅᆞ구시슈이ᄋᆞᆺ슬홈이

25a

거빈아니ᄒᆞ오일ᄶᅡᆨ고ᄒᆞᆷ블ᄯᅡ가사ᄅᆞᆷ미게곤ᄒᆞᆷ이ᄀᆞ업시
가ᄉᆞ여ᄂᆞᆫ그가ᄉᆞᆷ여ᄅᆞᆯ가져고가난ᄒᆞ니ᄂᆞ구가나ᄂᆞᆫ뇨ᄒᆞ
여ᄒᆞ욕지브부히고외요미을로니라나ᄂᆞᆫ니어ᄃᆡ닙더야ᄂᆞᆯ
공지ᄂᆞᆯᄉᆞ샤ᄃᆡᄉᆞ다ᄒᆞ오ᄆᆞᆯ로그르되노라져그니라

懲忿怒 ᄂᆞᆫ호온이를ᄎᆞᆷ음

儉約安分之後无防暴而難制之怒故以懲忿怒
次之 검박ᄒᆞ야편ᄒᆞ고도가곡ᄀᆞᆫ제어몯ᄒᆞᆯ노ᄅᆞᆷ막 조ᄅᆞᆫ거시라ᄂᆞᆫ츠ᄆᆞᆷ믈버거ᄒᆞᄂᆞ니라

孔子告子張曰一朝之忿厓忘其身爲也以及其親伊非
惑歟阿爲大抵爲地爲隱 忿爭之起伊其端伊甚微而其禍
甚大是乎尼 譬如一星之火伊至於燎原爲亦一縷之流伊

至於殆人爲飛人能於其初而忍之則事過而心淸淡

矣奈何奴世人伊爲血氣所使也爲少見所侵節

忍爲亦少見侵凌厓卽起爭端也爲其初也厓極口毁人

爲兄人亦極口而毁之爲亦其終也厓奮拳敺人爲人亦奮

拳而敺之爲也卒至衙門爲也訴訟於官爲拘繫囹圄

爲也破蕩家產爲亦仇讎相結爲也展轉報復也爲無有已時爲

臣所言思之乎隱曷若其初厓少忍其初哉 甲寅孔子曰

小不忍則亂大謀伊羅爲

[illegible]

[illegible]

니긴미그ᄎᆞᆺ섭미사ᄂᆞᆫ슈오ᄒᆞᆫ니ᄃᆡ단오ᄂᆞᆫ셥살로ᄂᆞᆯ

홀닙ᄐᆡ면오실오ᄀᆞᆺ오ᄃᆡᄐᆞᆯᄒᆞ노ᄒᆞᆫ고오니신실름

국셤미홉면디난혜후므스숩한오인니라어다샹녜사름미

셩계우죠고맛ᄎᆞ고오매ᄉᆞ잔블로므대쇼고맛요박고

니르오다사숑호와처스미창놉몸구숑온니으노장구숑온여

내숑애주미구로노몸되니노모노와니뎌내숑애그위조온

연오기느러셰간배아고원스치스셜ᄃᆞ간힐후ᄆᆞᆯ쳐기엽스니

마다나셔스라오려들엿대섯어입미져그려초몸만ᄒᆞ리오공지

읏사미죠고맛이를몸미아니ᄒᆞ면고마로몸엿ᄌᆞ려리랑ᄒᆞ시나

候館至 주인ᄒᆞ시 진져옵

處己待人之道旣備又當力行方便以積其德
賑飢荒次之 내몸가지며ᄂᆞᆷ졉홈다ᄒᆞ고도ᄅᆞᆯ모로미힘
ᄂᆞ니진졔홈ᄆᆞᆯ 서됴히너겨덕ᄅᆞᆯ해지ᄉᆞᆯ거실시주ᄅᆞᆯ려ᄒᆞᆫ
버거ᄒᆞ노라

先儒曰天生五穀隱 正救百姓矣飢死伊五天福富家隱
正欲貧富相資爲豈乎樂歲餘伊輸租以取贏古爲倍息以
[illegible]凶歲爲飛 富者伊來必不藉貧者之力也羅蓋同鄉共
里之人伊有患難相恤之義爲是非其宗族大伊隱 卽其友
[illegible]其備之伊隱 卽其比鄰是伊推此仁心也爲 施諸賑
[illegible]我有餘之粟乙以賙濟貧乏之民爲面陰則天道[illegible]
[illegible]陽則鄉黨之感恩[illegible]所以斂報[illegible]

27a

[illegible]爲濟孫饒上翁矣平價濟人而諸孫伊擢高第

也羅 論語曰君子隱周急伊五不繼富伊羅爲豆多

네사ᄅᆞ미니르ᄃᆡᄒᆞ야놉고ᄉᆞ글내요ᄆᆞ져ᄒᆞ벼셩이을ᄉᆞ오

릴루ᄒᆞ오려고ᄒᆞ인ᄒᆞ야ᄀᆞᆺᄉᆞ면질블복주샤미졍ᄒᆞ히간ᄒᆞ

니가ᄉᆞ면니셔로ᄌᆞ로귀ᄒᆞ신ᄃᆞ리니가ᄉᆞ면ᄒᆞ연미공셰바ᄃᆡ

고ᄇᆡᆷᄒᆞ간반니니가ᄉᆞ면니도간ᄂᆞᆫᄋᆞ니ᄒᆞᆷ을아니ᄉᆞ로ᄆᆞᆼᄋᆞᆫᄂᆞᆫ출

리ᄋᆞᆼ니라인고로ᄒᆞ오ᄆᆞ술ᄒᆞ사니ᄉᆞᆯᄆᆞ미ᄋᆞ령운졔셔로구훌ᄒᆞᄋᆞᆸ

죨리엇ᄉᆞᆫ니ᄌᆡ여아ᄉᆞᆸ고ᄉᆞ이나면ᄌᆞ졔ᄀᆞᆺ번ᄃᆞ오졔반여우ᄀᆞᆫᄋᆞ나면

졔ᄋᆡ앗ᄉᆞ로ᄒᆞ니ᄋᆞᄋᆞ엇ᄉᆞᄇᆡ니ᄀᆞᆫᄆᆞᄉᆞᆸ고ᄀᆞ저셔주어ᄀᆞᄅᆞᄎᆞ내야

나ᄅᆞᆫ푸신ᄒᆞ루ᄀᆞᄂᆞᆫᄒᆞᄋᆞ사ᄅᆞᄆᆞᆯ빈이면ᄀᆞᄉᆞᄀᆞ셔ᄒᆞᆫ남ᄀᆞᄆᆞᄂᆡ

셔돕고보빈뫼고 슬히 너기디 아니ᄒᆞ고 ᄋᆞ의 ᄆᆞᄋᆞᆷ ᄉᆞᄉᆞ ᄋᆞ의

ᄒᆞᄆᆞᆯ 공경ᄒᆞ야 가ᄭᆞ며 요ᄌᆞᆼ의 갑ᄉᆞᆯ 평히ᄒᆞ여 사ᄅᆞᆷ ᄆᆞᆯ 근

리치니 소ᄂᆞᆫ 음ᄂᆞᆯ 히 ᄂᆞ 폰 ᄂᆞᆷ 데ᄒᆞ오미라 당과 ᄋᆞ와 왕ᄋᆞᆼᄉᆞ와 요지옹요ᄃᆞᆯ 어딘 사ᄅᆞ미라 황 ᄉᆞᆸ 시 믜 세 예 모 ᄆᆞᆯ

너ᄭᅥ든 돈 주고 바다 ᄆᆞᆺ다가 이 ᄃᆞᆯ 회예 모 ᄆᆞᆯ 히 몬 니 거 민 가 니 가난 ᄒᆞ오 저 ᄀᆡ 당 니 주고
호 말 로 뎌 받 디 아 니 ᄒᆞ고 ᄋᆞᆷ 다 이 로 ᄡᆞᆯ 번 연 ᄒᆞ며 서 세 로 벼 ᄉᆞᆯ 호 사 ᄅᆞ미 하 더 니 라

논어 네 날우 ᄃᆡ 어 단 사 ᄅᆞᆷ 미 ᄋᆡᆯ 우 ᄒᆞ 오 ᄂᆞᆫ 니 주 고 가 ᄉᆞ 면 ᄂᆞᆯ 니 ᄋᆞ 니

말라 ᄒᆞ도다

積陰德 뎍음덕 표 연 일 하 ᄒᆞ ᄋᆞ 옴

賑濟由飢饑而行事 陰騭不乎普之存心 故以積

陰德爻之 진제ᄂᆞᆫ 주우린 ᄉᆞ 거ᄃᆞᆫ 일리오 ᄂᆞ 므로 도ᄅᆞᆯ 곰 은 이 ᄅᆞᆫ 상
내 ᄆᆞᄋᆞᆷ 에 ᄆᆞᆯ 거 시 라 도 모 일 하 ᄋᆞ 요 모 ᄆᆞᆯ 비 ᄅᆞᆫ 다 ᄒᆞ

積陰德者 成人之美 為 周人之急 為 救人於難而不

28a

報是也羅 人欲爲善伊 我則從臾而成爲

防人欲向學伊 我則指示而開道之爲㫆 人未達

論而爲舉之乎 此之謂成人之美羅 飢寒逼切

分我衣食 以助守爲㫆 死喪空缺羅 捐已所有以濟之

乎 此之謂周人之急羅 顛擠溝壑者伊 可援則援之爲㫆

困厄水火者伊 可恤則恤之爲㫆 罹陷獄訟者乙 視其可

活則活之乎 此之謂救人於難羅 以此爲也 如設義聚爲㫆

通融 修道途爲㫆 償逋欠爲㫆 平糴價爲㫆 施醫藥乎

陰德中之一事也羅 昔者 于公伊 平反冤獄 而其子

爲三公爲㫆 竇禹鈞陰德伊 在人而其孫爲 而名 揚

伊敎黃雀之應爲古 毛寶放白龜之報乎 未皆行陰德之

也羅 今人家子孫矣 所以長享富貴者 隱由祖宗矣 積陰

德以福之也五 人家子孫矣 所以長受貧賤者 隱由祖

宗矣 不積陰德以禍之也羅 易厓曰 積善之家厓 必有

餘慶伊五 積不善之家厓 必有餘殃伊羅爲豆多

엇디믈읏됴흔일ᄒᆞ고사ᄅᆞ미됴흔일에ᄒᆞ면사ᄅᆞ미

셜워ᄒᆞ올제ᄌᆞ쥬ᄒᆞ여사ᄅᆞ미어엿비우ᄒᆞ쥐지구ᄒᆞ고도ᄅᆞ혀과다아니ᄒᆞ이시

랏사ᄅᆞ미여ᄅᆞᆯ오려거든ᄂᆞᆷ소고ᄅᆞ호ᄅᆞᆯ아ᄅᆞ며사ᄅᆞ미글ᄒᆞ고져ᄒᆞᄂᆞᆫ

내ᄌᆞ도ᄒᆞ양이ᄂᆞᆫ도ᄒᆞ야사ᄅᆞ미[illegible]

흉ᄒᆞᆫ이ᄂᆞᆫ사ᄅᆞ미[illegible]

29a

냐므뎌를보ᄋᆞᆸ주오니므ᄉᆞ구ᄉᆞ오시오ᄉᆞ보ᄂᆞᆫ가오쇼ᄂᆞᆫ조ᄉᆞ

거리치ᄆᆡ인ᄂᆞᆫ온셰오ᄒᆞ올쟈쥬ᄒᆞ미라고ᄅᆞᆯᄒᆞᆼ야ᄋᆞᆸ마ᄂᆞᆫ오니

구완ᄉᆞᆼ암뭇ᄉᆞ구다ᄉᆞ구와ᄉᆞᆼ며ᄆᆞᆷ피리ᄉᆞ구ᄋᆞᆸ고ᄃᆞ이ᄀᆞ솝ᄒᆞᄋᆞᆸ치

겨드ᄅᆞᆷ솝몸ᄆᆡ긔ᄭᅦᆫ신ᄂᆞᆫ가오ᄉᆞᆸ암ᄎᆞᆼ기ᄃᆞᆫ삼오미ᄂᆞᆫ놈오사ᄅᆞᆷ무뭇제

구호ᄆᆞᆷ아ᄂᆞᆫ이말오ᄡᆞ오ᄉᆞᆷ오ᄒᆞᆯᄇᆞᆺ며ᄀᆞᆷ뫼ᄲᆞᆫ늬ᄀᆞᆺ솝ᄯᅳ겨ᄂᆞ며고ᄀᆞ텬며ᄒᆞᆼ몰

바투ᄉᆞᆸ니며ᄃᆞᆫ셔쥬ᄀᆞᆯᄯᅧᆼᄒᆞᆫ다ᄇᆞᆫ미ᄋᆞ오ᄒᆞᆼ이우ᄆᆞᆫ누ᄒᆞᄋᆞᆸᄆᆡᄒᆞᆫ

일ᄭᅳᆫᄂᆞᆫ우궁이사ᄅᆞᆷ의일홈원ᄋᆞᆸᄉᆞ텨ᄒᆞᆫ이ᄉᆞ구ᄯᅧᆼ숑오ᄋᆞᆸᄂᆞᆫ이

이사ᄅᆞᆷ의일홈우노고ᄂᆞᆫᄒᆞᆫᄂᆞ숀ᄂᆞ니ᄃᆞᆫᄃᆞᆯᄒᆞᆫ이ᄃᆞ오오양보ᄒᆞᆫ진궁양

념고양뵈ᄒᆞᆫ사ᄅᆞᆷ미누ᄅᆞᆯ새빙ᄒᆞᆼ엿거놀보고가져다가와ᄒᆞᆼ며고티ᄂᆞ니그새사ᄅᆞᆷ
아도이여와옥구솔ᄅᆞᆯ주고블오ᄂᆞᆫ이ᄅᆞᆯ가져시ᄆᆞᆯ며ᄃᆞᆯ졍송ᄃᆞ외리라

모뵈비궁이ᄒᆞᆫ오ᄆᆞᆷ무ᄉᆞ니모뵈ᄒᆞᆫ사ᄅᆞᆷ미ᄒᆞᆫ가ᄇᆞᆯ블ᄂᆞᆫ가자ᄇᆞ노ᄅᆞᆯ다ᄒᆞᆫ이ᄅᆞᆯ
회사ᄒᆞᆯᄯᅥᆫ이ᄒᆞᆫ믈ᄅᆡ미ᄅᆞᆯ아ᄂᆞᆫ구ᄉᆞᆯ며ᄒᆞᆫ이무뢰사ᄅᆞᆷ니

내그아뢰노라 힌거븐비랄 한니닐일ᄒᆞ온니 ... 피사 ... 피소니이대샤구

근ᄂᆞ록미조상의도ᄒᆞᆫ일혈오모로복글수고사름미ᄌᆞ손오래

번잔히동이요미조상의도용일아니홈므로죄해잇ᄂᆞ니쥬여

예날우뒤도ᄒᆞᆫ일향ᄒᆞ니집블모로피나모경시엇쇼사오나

오림한ᄒᆞ니집블모로피나모양얼리스니랑ᄒᆞ누다

正俗諺解

本面落張

正俗諺解

(奎章閣本)

正俗諺解

松江爲郡西控三泖北據吳松東南負大海墳壤衍遼曠户口繁夥由是税糧詞訟視浙右諸路爲劇至正五年冬至和來守于玆深念

聖天子委任之隆勉諭之篤夙夜戰兢寔恐弗稱每以爲政之本莫先於化民成俗故嘗戾學校訓子弟講詩書習禮樂冀盡承宣之責而小裨風化也然而地大民稠豈能家喻户曉重惟逸菴王公述正俗篇以教民一時聞者靡不興感玆用舉而行之復益其切於時弊者爲目凡十有八父母兄弟室家子孫當盡夫孝友和訓之道宗族親姻鄰里交友當推其睦婣

恤慎之心待幹僕必嚴而寬謹喪祭必孝而敬墳墓
不可以不重淫祀不可以不遠本業是務必無曠之
之憂田租之收必安主佃之分業儉朴懲忿怒家道
可得而守賑飢荒積陰德門閭可得而昌凡此善言
皆可警俗俾鋟梓傳之屬邑以示教焉爲吾民者滌
其習俗之污新其日進之德遷善改過不觸于刑則
風俗還淳理功以著庶無負
朝廷深仁厚澤涵育天下之意云亞中大夫知松江府
事兼勸農事知渠堰事濟南路棣州王至和序

孝父母　友兄弟　和室家

訓子孫　睦宗族　厚親誼

恤鄰里　愼交友　待幹僕

謹喪祭　重墳塋　遠淫祀

務本業　收田租　崇儉朴

懲忿怒　賑飢荒　積陰德

正俗諺解

人之行莫大於孝故以孝父母先之

사름의 힝실이 효도만 크니 업슨 어버이 효도

를 몬져 ᄒᆞ노라

父母者亻子之天地尼孔子曰子生三年然後離免於

父母之懷爲那羅古爲𢀳詩曰哀哀父母亦生我劬勞爲舍叱又

曰父兮生我爲古爲時母兮鞠我爲尼爲時欲報之德昊天

罔極爲尼爲舍多故孝子之事親也冬溫夏凊昏定晨

省爲旀出必告反必面爲旀問衣燠寒爲旀問何飮食爲旀有疾

病於飮藥必嘗爲旀有過於時柔聲以諫爲也撻之流血爲旀

不義苟然乎是尼 此皆職分之所當爲也 [illegible]

之中伊那亦當竭力爲也以奉菽水之歡乎是尼豈曾有寧乎

吾親伊後日子孫伊亦必盡孝於我爲是尼豈不感應自然

之理也羅若夫不敬其父伊面是不知有天也乎不愛其

母面是不知有地也尼人而不知有天地則覆載所不

容伊孫神明所不祐伊羅將有天誅人禍伊以及其身爲是尼

可謂哀哉是五孔子曰五刑之屬伊三千是尼而罪莫大於

不孝也伊羅爲時尼羅

어버이ᄂᆞᆫ 하ᄂᆞᆯ과 ᄯᅡ와 ᄀᆞᄐᆞ니 공자 니ᄅᆞ샤되 ᄉᆞ

ᄂᆞᆫ 큰 법인니 신 ᄌᆞ식이 나새 ᄌᆞᄒᆞᆫ 후의 아ᄇᆡ 어ᄆᆡ 은혜 ᄂᆞᆫ 니 모시 ᄂᆡ

ᄉᆡ면 아비라

날우ᄃᆡ 무ᄎᆞᆫ논ᄀᆞᆫ 일ᄅᆞᆫ몸이라 슬프고슬플셔 어버이 나를 슈구로이 나ᄒᆞ시
니 ᄯᅩ 닐ᄋᆞᄃᆡ 아비 날 나ᄒᆞ시고 어미 날 쳐내시니 뎍블을
갑프려 ᄒᆞ면 ᄒᆞᄂᆞᆯ ᄀᆞ티 굿업도다 그런고로 효ᄌᆞ의 어버이 셤
교ᄆᆞᆯ 겨으렌 덥게 ᄒᆞ고 녀르면 선ᄂᆞᆯ리 ᄒᆞ여 어슬ᄒᆞᆷ에 긔 브
야 ᄌᆞᆷ재 ᄋᆞᆸ고 새배 가 닐어시든 뵈ᄋᆞ오며 나갈제 ᄉᆞᆲ고 가고 도
라와 의식 뵈ᄋᆞ오며 옷 더우신가 치우신가 무ᄅᆞᆸᄉᆞ오며 므스거
슬 ᄌᆞ실고 ᄆᆞᆯᄌᆞ오며 병ᄒᆞ시거든 약글 맛보아 밧ᄌᆞ오며 허
믈리 겨시거든 유화로이 간ᄒᆞᄋᆞᄃᆡ 뫼오녀 기셔 표ᄒᆞ옵게
ᄒᆞ야샤 ᄯᅢ욘ᄐᆞᆫ티 마로리니이다 ᄌᆞ시 ᄀᆞᆺ 젹블리 ᄒᆞᆫ 올이라
비록 가난ᄒᆞ야도 ᄆᆞᄅᆞ로미 ᄒᆞᆫ가지 ᄉᆞ오 ᄀᆞᆯ온 ᄌᆞ식 ᄉᆞᆯ 기셔라 ᄃᆞ 깃

2a

겨ᄒᆞ시게ᄒᆞ리니오ᄂᆞᆯ날나 이번 이ᄒᆞᆫ도ᄒᆞ오미ᄒᆞ여내ᄒᆞ쇼ᄂᆞ
나나ᄅᆞᆯ션진경ᄒᆞ야ᄒᆞᆫ도ᄒᆞᆯ거시니 이ᄀᆞᆫ옹 의ᄒᆞᆫ션ᄒᆞᆫ고
리라ᄒᆞ다가아비ᄅᆞᆯ공경티 아니ᄒᆞ면이ᄯᅩᄒᆞᄂᆞᆯ이ᄉᆞᆯ므로
ᄅᆞᆫ도디오 어미ᄅᆞᆯᄉᆞ랑티 아니ᄒᆞ면이ᄯᅩ샤이쇼ᄆᆞᆯ고ᄅᆞᄂᆞᆫ다
나사ᄅᆞᆷ미ᄒᆞᄂᆞᆯ샤이쇼ᄆᆞᆯ모ᄅᆞ면ᄒᆞᄂᆞᆯ샤ᄉᆞ이예잇디몯ᄒᆞ리
켜실경ᄃᆞᆯ허드ᄅᆞ디아니ᄒᆞ여 장ᄎᆞᆺ하ᄂᆞᆯ히주기시거나자ᄅᆞᆷ의
정ᄒᆡ여나져몸매 미ᄎᆞ티니 누ᄅᆞᆯ허[illegible]ᄅᆞᆫᄒᆞ리오공ᄌᆞ 니ᄅᆞ샤
되다ᄉᆞᆺ가지형벌나ᄅᆞᆯ이리 다ᄉᆞᆺ가지형벌ᄋᆞᆫ피조ᄒᆞ고비ᄒᆞ기ᄇᆞᆯᄀᆞᆫ 버희기ᄇᆞᆯ버희기목버희고형ᄒᆞ리라
삼쳔가지로되 그죄ᄇᆞᆯᄒᆞ만크니업스니라

一 敎兄弟 형뎨ᄉᆞ랑ᄒᆞ야사과옴

父母者己之所自出兄弟者己之所同出故以父
兄弟次之 어버이ᄂᆞᆫ 내 몸 난 ᄃᆡ오 형뎨ᄂᆞᆫ 내 ᄒᆞᆫᄃᆡ서 난거실ᄉᆡ 형뎨사ᄀᆡ 요ᄃᆞ비 ᄀᆡᄒᆞ노라
骨肉至親伊莫如兄弟尼詩云死喪之威伊兄弟孔懷
伊旀又曰兄弟鬩于墻伊那外禦其侮伊羅尼則兄弟之親伊
異體同氣羅死喪則相恤爲旀患難則相救爲也其眞情之
發伊每見於顚沛之頃爲尼飛以此奴知兄弟之親隱不
可一日而絶也伊羅世有視親人了過於兄弟者爲尼然始
衰而終離者多矣於卧尼唯兄弟隱一脈之親伊羅終不可
絶伊尼始雖乖也而終必和爲旀始雖散也而終必聚爲尼旦
此倫誼之愛伊雖屬乎人伊那實本於天羅書云予弟

3a

不念天顯爲也乃不克恭厥兄爲面兄亦不念鞠子哀爲也大

不友于弟爲羅尼至有同室操戈爲也疎薄骨肉爲里是自絶

其本是爲旀自撤其藩離伊羅一旦厄殃咎之至而欲求援

於他人伊難矣里羅經曰宜兄宜弟而后可以教國人

伊羅爲豆多

골육괴지극기친ᄒᆞ니형뎨만ᄀᆞᄐᆞ니업ᄉᆞ니모시예닐ᄋᆞ우ᄒᆡ

주거상ᄉᆞ이어렵운ᄃᆡ도형뎨아ᄉᆞ랑ᄒᆞᄂᆞ니라ᄒᆞ고도ᄇᆞᆼ우

리형뎨집뵈셔사호고도밧기간뎍셔ᄂᆞ니라ᄒᆞ니형뎨의

친호미몸ᄀᆞᆫ다ᄅᆞ나괴윤니ᄒᆞ유가지라주거상ᄉᆞ에서ᄅᆞ이엿

비더가며어려운저괴서르구ᄒᆞ여그릭ᄎᆞᆺᄂᆞᆫ음미가ᄀᆞᄐᆞᆫ이예

리 양나ᄂᆞ니 일로 아ᄅᆞᆫ 형뎨의 친ᄒᆞ오믄 ᄒᆞᆫ몸 엄디 몯ᄒᆞᆯ

거시로다 샹녜 다ᄅᆞᆫ 사ᄅᆞᆷ믈 친히 너겨 형뎨라와 더 ᄒᆞ리 잇

ᄂᆞ니 그려도 쳐엄의 사괴다가 ᄂᆡ 좃아 아니ᄒᆞ리 ᄒᆞ거니와 오

직 형뎨 논ᄒᆞᆫ 긔믹의 친ᄒᆞ온 거시라 ᄂᆡ 좃ᄂᆡ ᄀᆞᄎᆡ디 몯ᄒᆞ리

니 쳐어믜 거ᄉᆞᆲ 뼈도 ᄂᆡ 좁애 받ᄌᆞ와 화동ᄒᆞ며 쳐어믜 ᄒᆞᆫ다

가도 내 품애 ᄒᆞᄃᆡ 몯ᄒᆞᄂᆞ니 이 아옴미라 ᄉᆞ랑ᄒᆞ오미 비록 자ᄅᆞ미 ᄋᆞᆫ

린 ᄀᆞᆺᄒᆞ나 진실로 하ᄂᆞ리 근원ᄒᆞ온 거시로다 샹셔에 닐ᄋᆞ우 티셔 샹

뇨물 월일 후 미라 아 이 하ᄂᆞᆯ희 형뎨 내신 ᄯᅳ들 헤디 아니ᄒᆞ여 형은 공

경티 아니ᄒᆞ면 형도 어버이 ᄌᆞ식 ᄀᆞᆯ어 내 옴믈 혜디 아니ᄒᆞ며 ᄃᆞ

샹 아ᄋᆞᆯ ᄉᆞ랑티 아니ᄒᆞᄂᆞ다 ᄒᆞ니 지어ᄒᆞ요 셤비셔 ᄀᆞᆯᄋᆞ샤 ᄌᆞ교 ᄇᆡ시

화곤유ᄅᆞᆯ소박ᄒᆞᄂᆞ니이ᄂᆞᆫ졔소ᄂᆞᆫ믈버히며ᄌᆔ짓울ᄒᆞᆯ허려
브료미니ᄒᆞᄂᆞᆫ아ᄎᆞᆷ의어려운일은잇거든다른사ᄅᆞᆷ미게
구과뎌ᄒᆞ오미어려우니라대ᄒᆞ게ᄂᆞᆯ우리형의도애도
올ᄒᆞ며앗의도애도올ᄒᆞᆫ후에아나라사ᄅᆞᆷ을ᄀᆞᄅᆞ칠거시라ᄒᆞᄂᆞᆫ

和室家 ᄂᆡ집과화동

● 家之不齊由夫婦不和又能和於妻子宜於兄弟
則父母安樂之故以和室家次之 집의올티아니호미 남진과겨집의화동
티아니호모로조ᄎᆞ니사ᄅᆞᆷ미처ᄌᆞ식과화동ᄒᆞ며형뎨예
올ᄒᆞ며어버이ᄀᆞ지거ᄒᆞᄂᆞᆫ뎌실ᄂᆞᆫ가화동호몰버거ᄒᆞ노라

夫婦隱人倫之本伊羅有夫婦然後里有父子爲尼昜以
乾坤爲首五詩以關雎爲先爲尼然欲齊家伊隱必自倫

身始羅身正則一家伊無不正爲古身不正則一家伊亦
不正爲羅里昔匡冀缺伊耨於乙其妻饁之隸敬相待如賓
於乙臼季伊使過而見之爲古擧於下軍大夫爲羅尼孔子誦
棠棣詩爲舍至妻子好合伊如鼓瑟琴而歎美曰父母隱
其順矣乎爲旀尼蓋人能和於妻子則父母伊其安樂矣
里羅是則夫婦和順伊非惟可以隆家道伊羅實可以悅親
心也里羅又有寵愛婢妾也爲踈薄正妻者爲尼殊不知妻隱
齊也羅父母之所命也於兄弟之所宗也羅一與之齊
而終身不改也爲甘苦貧富死生匡同之爲尼婢妾之徒
隱爲刹主翁矣一時之愛也爲妬寵怙勢也爲無所不爲爲罷

厄一旦崔主翁伊失勢則舍之而事他人矣厄理復奚顧

哉五理詩云刑于寡妻爲臥也至于兄弟爲臥也以御于家邦伊羅爲五

多

남진겨집븐사ᄅᆞᆷ믜근원이니남진겨집비이신혼후아어버

이조식기이시리니쥬역게 쥬역은글월일홈이라 하ᄂᆞᆯ와ᄯᅡ로ᄋᆞᆺᄃᆞᆷ

고모시예판져편ᄂᆞ로몬져ᄒᆞ니판져ᄂᆞᆫ모시편명이어 이뎐겨집븨일닐어스ᄂᆞ

니라그려도집블올케ᄒᆞᆯ뎐모로미몸닷고모로미ᄅᆞᆺᄂᆞ니몸미

뎡ᄒᆞ면ᄒᆞᆫ짓안히뎡ᄒᆞ고몸미뎡티아니ᄒᆞ면ᄒᆞᆫ짓안

히ᄯᅩ뎡티아니ᄒᆞ리라ᄐᆡ킈겨리란손니기슴미셔ᄂᆞᆯ제녀

집비슈반머ᄂᆞ리ᄭᅮᆼ경ᄒᆞ야손ᄀᆞᆺ티셔르딥ᄒᆞ거ᄂᆞᆯ구

계란소니브리여미나가다가보고거쳔ᄒᆞ여ᄐᆡ우벼슬르ᄅᆞᆫ
ᄒᆞ이니라공저모사ᄅᆞᆷ닐그시다가쳐ᄌᆞᆼ이화동ᄒᆞ미풍
뉴소리화동ᄒᆞᆷ과곳다ᄒᆞ여니른되다두라기려니ᄅᆞ샤ᄃᆡ
이ᄇᆡ인화슌ᄒᆞ리ᄅᆞᆫ뎌ᄒᆞ지니샬온이쳐ᄌᆞ와화동ᄒᆞ여아여며
이즐겨ᄒᆞ리니이고남진겨집비화동ᄒᆞ미집븨됴ᄒᆞᆯ션
아니라진실로어버의ᄆᆞᆷ슌ᄒᆞᆫ몬깃길거시로다또공쳡ᄇᆞᆯ
ᄉᆞ랑ᄒᆞ고졍쳐ᄅᆞᆯ소박ᄒᆞ리잇ᄂᆞᆫ니모로ᄆᆞᆺ다겨집브
라와ᄒᆞᆫ가지니어버의얼골이ᄂᆞᆫ거지며형졔와ᄋᆞᆺ드ᄅᆞᆷ잡ᄂᆞᆫ
거지라ᄒᆞᆫ번엔드면죽도록고티디아니ᄒᆞ여됴ᄒᆞᆫ이려슈고
ᄅᆞ온이려가난ᄒᆞ나기우며나주그나사나ᄒᆞᆫ가지로ᄒᆞᄂᆞ니공쳡ᄇᆞᆯ

흔ᄒᆞᆫ갓집아비계ᄉᆞ랑히오져ᄒᆞ여괴이먼아니ᄒᆞᆯ일업시ᄒᆞ다

가ᄒᆞ롯날잔진이그릇도외면ᄇᆞ리고다ᄅᆞ날셤기ᄂᆞᆫ거

므으일를도라보료모지에널우터겨집븨게법바뎌형

뎨예니르러글노쳐나라ᄒᆞᆯ다소리ᄂᆞ니라ᄒᆞ도다

訓子孫 ᄌᆞ직ᄋᆞᆫ손ᄌᆞ들ᄀᆞᄅᆞ춈

孝友兄和樂室家則家道可興而能久在乎

賢子孫故以訓子孫次之 이ᄂᆞᆫ이효도ᄒᆞ며쳐ᄌᆞ랑실믜화동ᄒᆞ 면집ᄇᆞᄃᆞᆸ히도리리니쵸히도ᄆᆞᆯ

ᄋᆡ라므로不ᄉᆞᄋᆞ ᄃᆞ드로ᄆᆡ이실셔ᄌᆞ손 ᄀᆞᄅᆞ춈ᄆᆞᆯᄇᆡᄀᆡᄒᆞ노라

石碏曰愛子隱手代教之以義方五伊弗納於邪厄大抵爲臨

地人家子孫厄不問富貴貧賤也爲其資稟之聰俊者豆

固不可以不學於其下愚者是亦不可以不專一藝也

羅然所謂學者隱非徒誦說詞章而已羅講明孝弟忠

信禮義廉恥而識其是非善惡之所在也羅庶幾他日

匡立身揚名也爲以顯父母伊皆由學以基之也羅一所謂

藝者隱隨其子孫資稟而成就之尼資朴實者隱歸於

農爲旀善會計者隱歸於商爲旀有巧性者隱歸於工乎里尼

蓋天下匹無棄人伊旀亦無棄材尼若能專守一藝面大

則可以致富五小則亦不至於飢寒也羅今有富盛之

家伊其父兄伊恃其資產之多古爲不教子弟爲也以至於

沉湎遊佚爲旀無所不爲爲也卒至於滅身傾家而後已爲旀

貴富之家伊 其父兄伊 恃其爵祿之高古爲 不敎子弟爲也爲
以至驕奢放縱爲旀 無所不爲爲也爲 卒至於亡身滅族而後
已丸爲飛 蓋不知訓之之道故也羅 傳曰遺子黃金滿籯
伊 不如敎子一經古羅爲 又曰良田萬頃伊 不如薄藝隨
身尹羅爲 豆多

셕ᄎᆞᆨ기 널우미 부착과 ᄆᆡ어 민ᄉᆞᆯ음이라 不敎ᄒᆞᆯ수랑커든 올ᄒᆞᆫ일로 ᄀᆞᄅᆞ쳐
왼일을 [illegible]니가게 ᄒᆞ리니마 뎌ᄒᆞᆫ다 살옴의 不손이 가오뎌 ᄅᆞ어나
귀커[illegible]가 난커나 미쳔커나 ᄉᆞᆼ에 [illegible]다 말오게 ᄀᆡ질리 총명
ᄒᆞ니도 글비ᄒᆞ디 아니티 못ᄒᆞᆯ거시니 이리 ᄀᆞᄅᆞ쳐오나 온놈도
ᄒᆞᆫ不죄나 아니티 몯ᄒᆞ올거시라 글 ᄇᆡ홈도 ᄒᆞᆫ 가ᄉᆞᆯ ᄂᆡ오ᄅᆞ티

거아니라효도ᄒᆞ며형뎨ᄀᆡ여평ᄒᆞ며유신ᄒᆞ며톄되며
올흔일이며겸믐ᄒᆞ며붓그롬ᄒᆞ며어런일들흘의논ᄒᆞ
야글올ᄒᆞ어외며어딜며사오나온ᄉᆞᆯ아라후에내몸도의
며나어버이벗내요미다글빈호모로븕더잠ᄋᆞᆫ거시니져죄
란거ᄉᆞᆫᄌᆞ손니그질조차임ᄋᆞᆷ롤더니질박ᄒᆞᆫ나런녕늘지미
고혬잘ᄒᆞ리런ᄒᆞᆷ쳠ᄒᆞ이교교셩잇ᄉᆞ니런공창을ᄒᆞ요ᄅᆞᆯ
디니던해애부리ᄅᆞᆯ사ᄅᆞᆷ미업ᄉᆞ며ᄯᅩ부리ᄅᆞᆯᄌᆞ최업ᄉᆞ니ᄒᆞᆫ지
죄나던업ᄒᆞ면크면가오ᄆᆞᆯ에되요쳐거도주오리디아니
ᄒᆞ리라이제가오면지븨셔그어버ᄋᆡ며형뎨들ᄒᆞ미ᄇᆞ라고ᄌᆞ셔기
며아오ᄭᅮ취다아니ᄒᆞ여술와귀집탐ᄒᆞ여아니ᄒᆞᆯ미ᄅᆞᆸ

재ᄒᆞ여내죵매오미주그여지블업게ᄒᆞ요ᄒᆞ에아마러며벼슬로

큰지븨셔ᄂᆞᆫ그부형이벼슬믿고조례ᄅᆞᆯ구루치디아니ᄒᆞ여

교만ᄒᆞ여사치ᄒᆞ여방태ᄒᆞ여아니ᄒᆞᆯ일업시ᄒᆞ여내죵애

제몸과아오ᄅᆞᆯ죽배에ᄒᆞ교마ᄂᆞ니이다ᄭᅳ루출이ᄅᆞᆯ모ᄅᆞᆯ쉬라

글워레니ᄅᆞ우ᄃᆡ조쳐글ᄀᆞᄅᆞ믈ᄀᆞ독ᄒᆞ고글ᄅᆞ세주미ᄒᆞᆫ칙ᄀᆞ

루출만몯ᄒᆞ여또니ᄅᆞ오ᄃᆡ도ᄒᆞ요받만ᄒᆞᆫ고ᄃᆡ죠고만ᄉᆞᆷ죠

몸애드ᄂᆞ만곤디몯ᄒᆞᄂᆞ니라

睦宗族 아ᄋᆞᆷ돌와화ᄆᆞᆼ동홈

○能盡父兄妻子之道而後可以及族人故以睦宗族次之 어버이형뎨쳐ᄌᆞ식긔이ᄀᆞᄒᆞᆫ헤마아ᄋᆞᆷ들한게이출ᄇᆡ리라아ᄋᆞᆷ화동ᄋᆞᆯ비ᄉᆞ고나

同源分派羅 其初厓 一人之身伊尼 尊祖故敬宗爲乎 敬宗故敬族伊尼 人不重其族面 是不重其祖也羅 昔者聖人伊 酌人情之輕重爲舍 立爲五服之制爲也 以聯骨肉爲旀 以別親疎爲也 歲時之間厓 合族以食爲旀 序以昭穆爲也 生則有恩以相愛爲古 死則有服以相接爲時乎尼 伊 爲 若此面 宗族伊 雖多羅乎 無異於一人也是羅 今至 風俗伊 日渝爲也 不敬其親爲臥乎伊五 況其祖乎 阿 不念其親爲臥乎伊五 況其族乎 阿 族有土田則思幷呑之爲古 族有財物則思攘奪之爲旀 族有善良則擯抑而殘虐之爲古 族有過惡則發露而播揚之爲也 以至僕隷賤而伯叔伊 朝飢爲旀 妾曳綺紈而宗族

伊亦體爲飛尼 此皆天理之所不容伊羅 祖宗爲 冥冥之中

崖亦必感頷而不佑之矣里羅 禮餘伊 曰尊祖故敬宗乎五 敬

宗故民知孝伊羅爲豆多

효근원노로셔가로논회여나니처엄믄효살몸의몸미라한나버이

을존ᄒᆞᄂᆞᆫ고로뎍장몬ᄌᆞ식을공경ᄒᆞ고몬ᄌᆞ식공경ᄒᆞᄂᆞᆫ고로ᄒᆞ야곰

빅ᄒᆞᄂᆞ니마ᄋᆞ몰듣히아니며곰미이노그한아비를ᄒᆡ아니며기곰미라

녜셩인니인졍을짐쟉ᄒᆞ야다ᄉᆞᆺ가짓모샹오ᄉᆞᆯ법을밍

고다골유글니어친ᄒᆞ니머니몰곤히여ᄆᆡᆼ일ᄇᆡ아ᄉᆞᆷ모ᄃᆞ아

음식먹고뫼어버의ᄎᆞ례로안ᄎᆔ라신지괴ᄋᆞᆫ혜로ᄇᆡ시ᄅᆞ소

랑ᄒᆞ고주거든거샹옷니버시ᄅᆞ보ᄂᆞ니이리ᄒᆞ면아ᄋᆞ미랑

도ᄒᆞᆫ 사ᄅᆞᆷ애 다ᄅᆞ디 아니ᄒᆞ니라 이제 노ᄑᆞᆫ 쇼기나 ᄂᆞᄌᆞᆫ 오나 와 그
어버이ᄅᆞᆯ 공경티 아니커니 ᄒᆞ믈며 그 하나비며 그 어버이ᄅᆞᆯ ᄉᆞ랑티
아니커니 ᄒᆞ믈며 겨레과 ᄋᆞ미여 아ᄋᆞ미 뎐디ᄅᆞᆯ 못거든 조쳐 가지고져
디기고 아ᄋᆞ미 ᄎᆔ보ᄅᆞᆯ 몯거든 후리텨 앗고져 너기며 아ᄋᆞ미 어딘니
잇거든 ᄎᆞᆺ치와 다 ᄆᆡ여 ᄒᆞ며 아ᄋᆞ미 허므리 잇거든 닐어 ᄂᆡ여 분
포ᄒᆞᄂᆞ니 쳐 쇼ᇰᄋᆞᆫ 고기 밥을 ᄉᆞᆯ허 ᄒᆞ오ᄃᆡ 아자비ᄂᆞᆫ 아ᄎᆞᆷ도 수
우려시며 ᄑᆞᆯ마ᄂᆞᆫ 비단 깁을 닙어서거든 아ᄋᆞᄆᆞᆫ 벌귀 버섯ᄂᆞ니 이
다 하ᄂᆞᆯ히 올히 아니 너겨 한어비 이도 뎌ᇰ셩애셔 ᄑᆞᆯ연나마 ᄇᆡᆼ그
오디 ᄃᆞ외다 아니ᄒᆞ리라 라 ᄃᆡ그 예 닐오ᄃᆡ 테거ᄂᆞᆫ 글월 일로ᄒᆞᆷᄭᅴ리 하나빌 존ᄒᆞᆫ고
ᄅᆞᆯ 더 당 모ᄃᆞᆫ ᄌᆞ식 공경ᄒᆞ고 모ᄃᆞᆫ ᄌᆞ식이ᄅᆞᆯ 고ᇰ뎌ᇰᄒᆞᄂᆞᆫ 물 사ᄅᆞᆷ이오 노ᄅᆞᆯ 안 뵌

10a

厚親誼 아븨편혼인편아옴사괴옴

宗族者同姓之骨肉親姻者異姓之骨肉故以厚

親誼次之 아비녁권도ᄋ당얘ᄉ아옴미오어믜녁권이녀얘아미거 어믜편혼인편아옴후히홈믈버거ᄒ노라

既知重其族黨伊五 又有毋黨之親爲旀 有妻黨之親爲旀

有累世之姻爲旀 有新締之姻爲尼 人於妻黨新締親是隱亦有

不知愛重者是沙尼 至於毋黨之親隱 能恤而念之者鮮

矣羅 毋黨之親乙 不能念之則累世之姻是等 不戚是 不

相關爲旀 慶弔是 不相問乙 從可知矣多 里 如 是則不重毋

黨者隱 不孝其毋也五 不重世姻者隱 不敬其祖也是羅

昔者是 先王伊 躬行仁義爲古 時又建官置師爲旀爲其有

同姓也故敎以睦爲時旀爲其有異姓也故敎以姻爲時尼

以爲徒敎之伊或不率也乙可爲舍於是乎厓有不睦不姻

之刑焉爲時飛尼然則親誼之道伊先王之所重尼可不愼

哉阿詩曰我見舅氏乎尼如母存焉如多又曰婚姻之故叱

言就爾居伊羅爲豆多

·사ᄅᆞᆷ이뎨동셩아ᄋᆞᆷ들히니ᄭᅳᆷ을알오도ᄯᅩ어믜녁아ᄋᆞᆷ도이시며겨

집의녁아옴도이셔며오란조샹앳사ᄅᆞᆷ도이시며새로지은사ᄅᆞᆷ도잇

ᄂᆞ니사ᄅᆞ미겨지븨녁새아ᄋᆞ므련ᄃᆞᆼ히너겨ᄉᆞ랑ᄒᆞ기어믜녁이

올란어엿비너겨ᄉᆞ랑ᄒᆞ리젼ᄎᆞ그니라어믜녁아ᄋᆞ몰ᄉᆞ랑티아

니ᄒᆞ면오란자도니게깃게라슬혜라 표ᄀᆞ지서므사름부ᄅᆞᆫ

아녀홈몰아랄디로다 이ᄂᆞᆫ어믜녁글을능히아니너기면그야말을
블효ᄒᆞᄂᆞᆫ디오오란사ᄅᆞᆷ을능히아니너기면그조상을공경아니ᄒᆞ
ᄂᆞᆫ디라녜념무미몸소어딘일을ᄒᆞ시고ᄯᅩ마ᄉᆞᆯ빙규라ᄀᆞ칠ᄉᆞ
증을두시니동셩이쇼무로귀루취화동케ᄒᆞ시며이셩이쇼
무로귀루취사괴예ᄒᆞ시너ᄒᆞ고갓ᄉᆞ귀루치무로조ᄎᆞ지아니ᄒᆞᆯ가ᄒᆞ샤
동셩화동티아니ᄒᆞ며이셩사괴디아니ᄒᆞᄂᆞᆫ형벋을두신
그렴ᄒᆞ면이셩사괴요ᄆᆞᆯ녜시념교미듭히너기샤다모시예닐오
뒤내어믜오라빌보니어미잇ᄂᆞᆫ돈ᄒᆞ예라ᄯᅩ닐온뒤ᄒᆞᆫ이허
젼ᄎᆞ로녜게와사노라 ᄒᆞ도다
恤隣里 이옷ᄆᆞ올ᄒᆞᆯ어엿비너굠

○由親以及踈故以恤隣里次之

친ᄒᆞ니로브터 번ᄃᆡ 미츨ᄭᅵ 시라 이웃이엇미녀ᄑᆞ몯ᄒᆞᆯ

노ᄃᆡ라ᄒᆞ

家之有隣伊猶衆木之成林然後可以蔽風雨也羅孟子曰鄕田同井伊出入相友爲旀守望相助爲旀疾病厓相扶持爲古伊羅周禮厓五家厓爲比爲也使之相保爲旀五比厓爲閭爲也使之相受爲旀四閭厓爲族爲也使之相葬爲旀五族厓爲黨爲也使之相救爲旀五黨厓爲州爲也使之相賙爲旀五州厓爲鄕爲也使之相賓爲尼蓋欲使民以懽欣交通而成和睦之俗也羅貧而睦隣則有無乙可以相濟也旀富而睦隣則緩急厓可以相援也尼世有不恤隣里爲也或

因財物相交而至鬪訟爲旀或因妻子唇吻而至忿爭爲也

以致情意乖離爲旀血脉不貫爲也一遇禍患則隣里坐視

而不知救爲尼 難盖其平日崖不知睦隣之道也辭語云

德不孤爲伊必有隣爲伊羅爲多

져믜이웃이쇼ᄃᆡ 모든남기ᄉᆞ교리로의여얍부롬비구리옴곤두니ᄆᆞᆷ이不

너루샤ᄃᆡ 겸ᄌᆞ노ᄅᆞᆫ현인나 신어진이비각 ᄉᆞ골바둠ᄒᆞᆫ들혜ᄒᆞ야나면ᄅᆞᆯ제서르번숑야

디킈여볼믈서르도오며병에서르잡든니라쥬례란글웨ᄒᆞ요ᄃᆡ

다ᄉᆞᆺ집브로ᄒᆞᆫ비롤ᄆᆡᆼᄀᆞ라섭브로인케ᄒᆞ며다ᄉᆞᆫ비로ᄒᆞᆫ뎌롤ᄆᆡᆼ

ᄀᆞ라서르주량케ᄒᆞ며다ᄉᆞᆺ녀로ᄒᆞᆫ족을ᄆᆡᆼᄀᆞ라서르송장케ᄒᆞ며

다ᄉᆞᆺ족으로ᄒᆞᆫ당을ᄆᆡᆼ그라서르구ᄒᆈ케ᄒᆞ며다ᄉᆞᆺ당으로ᄒᆞᆫ쥬

를밍규라서를동아조 겨ᄋᆞ매 다ᄉᆞᆺ뉴로ᄒᆞ얏ᄒᆞ야을밍규라서ᄅᆞᆫ
삼게ᄒᆞ니 그ᄇᆡᆨ셩을ᄒᆞ여곰시쉬사피여화동ᄒᆞ온포속
도외오려ᄒᆞ뇨더라 가난ᄒᆞ뇨이우졸사피면이신곤업스컬
가이실ᄅᆞᆫ긴리치곽우며록ᄒᆞ이우졸사피면밧습분졔이셔도서ᄀᆞᆯ
완ᄒᆞ리라이졔이쇼뒤이우졸수랑티아니ᄒᆞ여시ᄒᆞᆨ주ᄇᆞᆸ로셜로
섯거셔사화구우좀ᄒᆞ며 샬옥쳐ᄌᆞ셔ᄀᆡ입혀ᄂᆞᆫ도로불
로ᄒᆞ여가모수미가엿구우며귀운니 ᄀᆞ디아니라잡산
어려운밀어더ᄒᆞ이우샬리ᄒᆞ 안저셔보고구ᄒᆞᆯ줄모ᄅᆞ
나니 그ᄂᆞᆫ샹녜이웃사ᄅᆞᆷ 울주ᄅᆞᆯ모ᄅᆞᄆᆞ로그런ᄒᆞ니
라뎨님오뒤더기ᄒᆞ오온자아니라모뒤이우지잇ᄂᆞ

니라

愼交友 버들삼가아사괴라

○欲進其德 必資朋友 故以愼交友次之 그덕에나아감을 홀딘모로미벋을 께ᄒᆞ로홈은거시라벗삼가 아사괴욤을버거ᄒᆞ노라

交也者 隱 友其德也 尼 自天子 奴 至於庶人 毋 莫不資友以成其德也 羅 是故 以進德言之 則 有切磋之益 爲 以脩業言之 則 有匡正之功 爲古 以行事言之 則 導其所當爲而輔其所不及 尼 故 人之大倫 伊 有五 而朋友居其一焉 伊羅 尼 自堯舜之爲君 果 伊傅周召之爲臣 伊也 不能一日無友 尼 世教既衰 爲也 君臣父子夫婦長幼 伊

鮮由其道乎米皆爲無賢師友以輔導之故也羅 雖然有
君子之友爲抃有ㅣ人之友爲尼君子之友則薰陶漸染爲也
以成其善爲古小人之友則薰陶漸染爲也以成其惡爲尼 罷
此朋友之所當愼也羅 愼也者隱擇其善者而從爲古不
善者而遠之尼 語云 代友直友諒友多聞益矣五 友便
辟友善柔友便佞損矣羅爲 豆多

번ᄃᆞ란 귀ᄉᆞᆫ 그 덕을 벗삼ᄂᆞ니 님굼므로브터 샹인ᄭᅦ 니르히 누
아니 번틀 주리오 ᄒᆞ여 덕글 일우리오 이런 줄로 덕글 나아갈 딘
댄 번ᄃᆡ 서르 ᄀᆞ르쳐 유익게 ᄒᆞ고 지조를 ᄒᆞ련 번디 고디 헐ᄒᆞᆫ 공
이 잇고 일를 ᄒᆞ련 번디 그가 이ᄒᆞ올 일를 인ᄒᆞ고 못미쳐 관

되롬ᄃᆞᆸᄂᆞ니 그러ᄒᆞ오모로 사름의 큰 인륜니다 소가ᄃᆡ 로ᄒᆡ 벋ᄅᆞ디 ᄒᆞᄂᆞ니
해혜ᄂᆞ니 라 요사름 끈슌사름 고ᄃᆞ두시니 님굼도이시며 이윤사름 부셜사름
쥬공사름 쇼공사름 고ᄃᆞ두신니 신해 도이사도다 ᄒᆞ오로도 벋ᄃᆞ 업시 본
ᄒᆞ이더니라 시절리 사오나와 님구미 시며 신해며 아비며 ᄌᆞ식기
머날진니며 겨집비며 얼운니며 아ᄒᆡ그도ᄀᆞᆯ소디 아니ᄒᆞᄋᆞᆸᄂᆞ다
ᄋᆡ딘스승벋ᄃᆡ 도아인도ᄒᆡ리업ᄉᆞ모로그러ᄒᆞ니라 그러ᄒᆞ나 어
딘벋ᄃᆞ도이시며 사오나온벋ᄃᆞ도이노니 어딘벋ᄃᆞᆫ보비화달마 어
딘일을ᄒᆞ고 사오나온벋ᄃᆞᆫ 보비화 달마 외ᄂᆞᆫ일를ᄒᆞᄂᆞ니이
벋ᄃᆞᆯ삼가사 필이리라 삼갈딘댄 그어딘니란 ᄀᆞᆯᄒᆡ여 좃고
어디디 아니ᄒᆞ니란 머리홀디라 네 닐우ᄃᆡ ᄀᆞ리식ᄒᆞ니 유신ᄒᆞ니

듣본일할날법ᄒᆞ면능유익ᄒᆞ고편편코ᄉᆞᆷ가오나셩ᄇᆞᄃᆞ
러우니곰기리엽져니법ᄒᆞ면유해ᄒᆞ리라

待幹僕 종들ᄃᆡ뎝ᄒᆞ야브리옴

● 進德資於朋友理家擇其幹僕故以待幹僕次之

덕 가 나아가모ᄆᆡ 되게ᄌᆞ뢰ᄒᆞ고 집 빗일ᄒᆞ몸모 ᄋᆞᆺ드ᄅᆞᆯ
을 홀힐거시라 죵의 뎝ᄒᆞᆯᄆᆡ 가ᄒᆞᆫ 노라

夫主之於幹厓庇其家而任之事爲古幹之於主厓仰其
食而代其勞爲飛尼嚴以繩之則下不敢縱其奸爲伊五寬以
濟之則下伊蒙覆而懷其惠爲里尼故幹必竭心腹而事
主爲旀主則以財用而資幹爲飛尼主幹伊同力則家道可
得而隆也爲里羅若任之大過也爲飛㭋於間諜之邪言爲旀便於

屋家之安危爲面此所以尾大不掉爲旀大阿乙倒持而莫

之悟也羅 噫羅 強幹弱主爲旀 齊公肥私伊爲去令之照

鑑伊尼 紀綱之墜伊發何人哉是里五 亦在主者之循身寬嚴

以待下耳羅 故司馬公曰凡爲家長厓必謹守禮

法爲齒也 以御家衆爲也 分之以職爲旀 授之以事而責其

成功伊尼羅

향것시죵의게극졉을견느려셔이를맛디고죵이향것시게

음식글올어려셔그곧븐이른뎌신ᄒᆞ나니엄엄ᄒᆞ고티면아라

자루미관쇄롤방으죵히못ᄒᆞ고관홍히거느리면아래사ᄅᆞᆷ

덕너버그은혜를ᄉᆞ랑ᄒᆞ리니그럴시죵이ᄆᆞᄋᆞᆷ애[illegible]

셤기고향것ᄉᆞᆫᄇᆞᆯ기ᄉᆞ로죵을쥐주ᄂᆞ니죵과향거시호
ᄆᆞ옴모로힘스면집빗시리로ᄒᆞ리라ᄒᆞ다가너므미덛ᄉᆞ이
옛마레저하다맛디고나는지븨편안히이쇼믈됴히너기
면이ᄠᅩ쇼리거휘傷호미모ᄅᆞᄒᆞ며갈ᄉᆞᆫ올갓고로자ᄇᆞᆺ고롤
롬ᄀᆞᄐᆞ니라차홉다죵은강ᄒᆞ고향거ᄉᆞ약ᄒᆞ며구위권셔
위우고아ᄅᆞᆷ뎌런솔지우미비며이제ᄉᆞᆸ블곤귀우리라ᄒᆞ믈
도이미들죵이며치료ᄒᆞᆼ거시몸가지믈관홍ᄒᆞᆫ며어ᄆᆞ셔
히뎌졉ᄒᆞ매잇ᄂᆞ니라소마온공이나르샤뎌믈의가당ᄋᆞᆷ므
로미례법브로집빗사름믈졔어ᄒᆞ야소임믈논화이믈맛
뎌ᄒᆞ라코찰ᄒᆞ오라라

16a

謹喪祭 상ᄉᆞ졔ᄅᆞᆯ조심ᄒᆞᆷ

○人倫之道既明喪祭之禮亦重故以謹喪祭次之

사ᄅᆞ미ᄒᆡᆼᄒᆞᆯ도리ᄅᆞᆯᄇᆞᆯ켜ᄃᆞᆫ상ᄉᆞ졔ᄅᆞᆯᄒᆞᆯ례ᄅᆞᆯ신듕ᄒᆞᆫ디상ᄉᆞ졔ᄅᆞᆯ삼가ᄆᆞᆯ버거ᄒᆞᄂᆞ니라

大孝 尼 終身慕父母 為 罔極之恩 伊 豈三年之喪矣 足以報哉 里 五聖人 伊 特為之中制也 為 不使之過 旀為 不使之不及故以三年為節 尼為 時然而孝子之心 匡 未嘗一日忘其親也 尼羅 自三年而下 匠 有期年之服 旀為 有大功小功緦麻之服 為尼 皆別親疎而為之隆殺耳 羅 世之人 伊 非惟不知期功之服 伊羅 以至居喪三年 匡 食稻衣錦 飛 無所不為 為尼飛 此孔子矣 所以責宰予之不仁也

終世俗伊 送終厓 不務實効古爲 尊尚虛文爲也 至有崇尚
虛無爲於 廣設佛事爲也 出殯則幡幢伊 蔽路爲於 鐃鼓伊 喧
天爲也 苟徇一時之美觀伊五 不思死者之無益爲也 因此傾
貲喪產爲也 貽患子孫者多矣是尼 焉得爲孝乎里五 孔子
曰禮伊 與其奢也叱隱 寧儉伊五 喪伊 與其易也叱隱 寧戚伊羅
爲時多

큰효도ᄂᆞᆫ몸미ᄆᆞᆺ도록어버일ᄃᆞ아ᄒᆞᄂᆞ니ᄌᆞ이ᄂᆞᆫ은혜를잇디
삼년몽상ᄋᆞ로갑프리 오셩인니 호간ᄉᆞ법졔 ᄀᆞᆯ러도아
니ᄒᆞ여 모ᄅᆞ믓도아니케삼년날점작ᄒᆞ여 밋ᄋᆞᆫ놀요ᄉᆞ외ᄆᆞᄋᆞ
미ᄒᆞᆯ리나그어버일니조련삼년아레그텬복졔ᄂᆞᆫ이지며쳐공

쇼고ᄋᆡ미복졔도잇ᄂᆞ니다친ᄒᆞ니머니ᄅᆞᆯ혜여드릐ᄅᆞᆯ말라
샹녜사ᄅᆞᆷ미하ᄂᆞᆫ복셰모ᄅᆞᆯ샏니아나라삼년몽상애도묘
호밥머그며묘호옷니버아니호올일업시ᄒᆞᄂᆞ니공ᄌᆞ의젼에
외요ᄆᆞᆯ칙ᄒᆞ샤미라 지여ᄂᆞᆫ공ᄌᆞ계지니몽상을닙리ᄒᆞ 여더라ᄒᆞ여ᄂᆞᆯ공ᄌᆞ지외라ᄒᆞ지니라 그러나셔쇽
기ᄌᆞᆼ장을진짓실련힘ᄡᅢ아니ᄒᆞ고혓이ᄅᆞᆯ슈샹ᄒᆞ여쇽결연
ᄉᆞᆷ블손ᄋᆞᆫ송장ᄒᆞᆯ제개번ᄃᆞᆯ오졍븝장두ᄃᆞ려일지예묘
히보ᄆᆞᆯ조고주ᄂᆞᆫ사ᄅᆞᆷ믜게무어ᄒᆞ오ᄆᆞᆯ혜디아니ᄒᆞ여일ᄋᆞᆯ備
간ᄂᆞᆯ배여ᄌᆞ소니시ᄅᆞᆷ믈주리만ᄒᆞ니ᄉᆞᆺ디효되라ᄒᆞ리오
풍지너ᄅᆞ샤ᄃᆡ례되샤ᄃᆡᄒᆞ오ᄆᆞᆯ검박ᄒᆞ오미올코샤ᄋᆡ셔애ᄂᆞᆫ초
ᄒᆞᄆᆡ로ᄂᆞᆯ슬ᄒᆞᆫᄒᆞ오미아ᄋᆞᆯᄒᆞ니라

忠孝

重墳墓 분묘를 듕히 ᄒᆞᆫ ᄉᆞ홈

○安厝宅兆喪祭之大者也故以重墳墓次之로ᄒᆞᆫ다보

사안장ᄒᆞ미 싱ᄉᆞ애 대뎨 큰거 실시 분묘 듕호믈 비거 ᄎᆞ노라

子孫之於祖宗厓猶木之於土也羅土肥渥則木茂盛爲古土磽燥則木伊枯槁爲旀祖宗伊安則子孫伊蕃衍爲古祖宗伊不安則子孫伊陵替爲乎矣理必然也是羅墳墓者隱祖父之所由歸尼所貴乎有子孫者隱爲其死而墳墓伊有所托也羅若墳墓乙不守而異後嗣矣昌榮爲乎猶渴其源以救其流之長伊羅安有此理哉五里昔厓後山先生伊爲甄氏也爲作思亭記餘伊有曰見林木爲古思以爲村

爲旀望孫棘古爲思以爲新爲旀上丘壠爲也思其所藏爲尼伊羅
況斫伐墳木伊邪有常刑爲旀堀祖壠乙論同大逆爲尼爲
子孫者伊常以保墳墓叱爲心則祖宗伊安寧於冥冥
之中爲古子孫伊獲福於昭昭之際矣是羅孝經云卜其宅
兆而安厝之爲羅三冬
ᄌᆞ손니어버ᅀᅴ게낟기ᄭᅮᆯ그게모두니ᄒᆞᆫ기묘ᄒᆞ면남ᄀᆞᆯ
셩ᄒᆞᆫ복을ᄀᆞ마ᄆᆞᆫ남기이우ᄂᆞ니어버이편안ᄒᆞ면ᄌᆞ손니편ᄒᆞᆫ
ᄒᆞ고어버이편안티아니ᄒᆞ면ᄌᆞ손니사오내도이ᄂᆞ노그런번ᄃᆞᆯ
기로니라분묘ᄂᆞᆫ하나비의가ᄂᆞᆫ듸라ᄌᆞ손이ᄯᅩᆫ몯귀히너고묘
ᄒᆞᄂᆞᆫ거든분뫼의게ᄃᆡ여실가ᄒᆞ예니라분모ᄅᆞᆯ슈호티아니ᄒᆞ

고텨후ᄌᆞ손니어믈와뎌ᄒᆞ오미업ᄉᆞᆫ일놀여위에코텨흘로

미길와뎌ᄒᆞ옴파ᄭᅳᄂᆞ니어ᄃᆡ이런리이시료뎨ᄒᆞ산션셩이

글치어니르샤ᄃᆡ 어(후산션셩이ᄀᆡ시위ᄒᆞᄉᆞ명졔ᄅᆞᆯ지으시니라)분묘앳남글보고숩곱

고텨너기며셥블보고뷔여딘고텨너기며무덤믈보고귓ᄉᆞ

슬내오텨너기ᄂᆞ다ᄒᆞ니ᄒᆞ믈며분묘앳나모버히면라히죄

주시고무덤믈파내니큰죄올넘ᄂᆞ니ᄌᆞ손니샹뎨분묘간

ᄉᆞ호오로ᄆᆞᄋᆞᆷ을미그면하나버이뎌셩애셔편안ᄒᆞ야ᄌᆞ손

니이셩애셔복글니브리라효경에닐오뎌무ᄃᆞᆯ믈분

복ᄒᆞ여안장ᄒᆞ라ᄒᆞ료다

遠[illegible]祀 속결업슨님신이배디말라

墓祭墳墓所當謹重謟瀆鬼神則惑矣故以遠謟

祀次之 산소졔뎐분묘는삼가 듕히너길거시어니와귀신들아당ᄒᆞ야조손이바ᄃᆞ모교뎐거시라속졀업시이받제ᄉᆞ아니홈

몰비기 ᄒᆞᆫ노라

夫祭祀之禮伊各有等差爲也截然而不可紊也尼秦漢以來奴惑於方士爲也以致怒鬼神靈仙虛無怪誕之語伊盛行于世爲旀又謂虐死不靈之鬼伊羅爲尼豈非識理明義之士伊五亞世俗巫禱伊狂妄尤甚爲也祠土神爲旀結會社爲也迎舡躍馬之娛叱跳浪兵械之戲伊往往匡不顧禁律爲古群聚年少爲也求福免禍爲也恣爲謟瀆爲尼飛假使多行不義而祭祀伊羅豆神亦不享爲五里誠能順理脩爲

爲面不事祈諂是伊羅 神必降福爲尼里 易曰 自天祐之伊羅古

無不利是伊羅爲多

쥐ᄉᆞ홀비 각각 찬등이셔 번드기 서르 섯디 몯ᄒᆞ올 거시라 진시

졉브터 한시젼브터 경ᄉᆞ도 류의 긔ᄉᆞ귀간니며 신셔니 거즛

괴이요 말리 만히 나돈니며 ᄯᅩ 닐오ᄃᆡ 금피주거 령티 아니ᄒᆞ요

귓거시라 ᄒᆞ곤 마ᄂᆞᆫ 곤돌 엇디 쉬니ᄒᆞᄂᆞᆫ 어던 사ᄅᆞ미 아니료

쥐ᄉᆞ귀ᄉᆞ증이 간대로 비쉬 원ᄒᆞ미 이츄미 산ᄒᆞ야 셩황이

마ᄂᆞ며 항도무어 비예 가 놀며 몰티와 놀며 믈셰로 볼오며 화

살 가짐 노라 므ᄃᆡ 므ᄃᆡ예 법 저티 아니코 저 므ᄂᆞᆫ 사ᄅᆞᆷ 모도 고부 글

ᄒᆞ고 이 글 면ᄒᆞ여 지라 ᄒᆞ야 방ᄌᆞ히 아당ᄒᆞ여 ᄃᆡ므ᄅᆞᆷ ᄒᆞ

ᄂᆞ너가 챠ᄒᆞ여 왼이를 관히ᄒᆞ면 이바다도귀이너흠ᄒᆞ랴
너코긴실로 너예올히ᄒᆞ면 미쉐윤아니ᄒᆞ여도 귀시너복글
쥬리라 쥬역에 날오뎌하ᄂᆞ리도오시너 됴코브리 공요이리업쥬

務本業 뎌름지이힘쓰ᄒᆞ욤

○結社迎神群聚年故以務本業次 향도무어너신이반노라 죠ᄀᆞ결업네몯ᄀᆞ지 ᄀᆞ올셔뎌름지이힘ᄡᅳ믈ᄇᆡ기ᄒᆞ노라

古之爲民者伊四尼士農工商伊是也羅士勤於學業則可以淑身心膺爵祿五伊農勤於耕稼則可以豐粟穀免飢寒五伊工勤於技能則可以作什器易衣食五伊商勤於懋遷則可以積貨財通有無尼四者隱古今民庶之

生業(伊那)仰足以事父母(伊旀)俯足以育妻子(爲也)樂歲(伊余)終
身飽(爲古)凶年(至)免於死亡(爲尼)(是)由其務本而不失生業
故也(羅)世不務此(爲也)乃有游手好閑之徒(合)不遵父母
之訓(爲旀)不顧妻子之養(爲也)飾其外以悅人(爲旀)忘其生以
徇欲(爲也)以至博奕於茶房(爲旀)遊戲於酒肆(爲也)起滅詞訟
(爲於)既無錢物(爲尼)(飛)此等之民(隱)如無根之木(伊旀)無源之
水(伊羅)時和歲豐(爲面隱)猶或可以偷生(伊尼)(是[illegible])凶年飢歲(伊余)不
相聚爲盜賊(爲也)轉死於溝壑(爲尼)(是)由其不務本而失生
業故也(羅)孝經云用天之道(爲旀)因地之利(爲也)謹身節用
(爲也)以養父母(伊)此庶人之孝也(伊羅爲豆多)

톄ᄇᆡᆨ셩도의리네가지니냥반과녀름지으리와공쟝와치와
흥졍와치라냥반이글ᄒᆞ기를브즈러니ᄒᆞ면가히오ᄅᆞᆯ어딜
에ᄒᆞ야벼ᄉᆞᆯᄒᆞ리며녀름지으리받갈기를브즈런니ᄒᆞ면가
이곡ᄉᆡᆨ글마니두어주으리며치우믈면ᄒᆞ며공쟝이셩녕
을브즈러니ᄒᆞ면가히ᄡᅳᆯ거ᄉᆞᆯ넉유라옷바볼밧고며흥졍
ᄒᆞ리ᄃᆞᆫ니기를브즈러니ᄒᆞ면가아지ᄌᆞ굴ᄲᅡ하두어이신것업
손것샹통ᄒᆞ리니네이른톄ᄃᆞ이제ᄇᆡᆨ셩의사롤아리라
우호로어버이를셤기며아래로쳐ᄌᆞ식글쳐돌ᄒᆞ며
ᄂᆞᆫ쥭도독ᄇᆡ브르고자오나온히ᄡᅦ도주글면ᄒᆞ노니굴흔
을힘ᄡᅥ싱게로믈일티아니ᄒᆞᆫ타ᄉᆞ라이제미를힘ᄡᅳ디아

나ᄒᆞ야손을오좀겨노ᄂᆞ사ᄅᆞᆷ미어버의ᄀᆞᄅᆞ치ᄆᆞᆯ좃디아니ᄒᆞ고
취ᄌᆞ식치몰도라보디아니ᄒᆞ여밧고로벗어나몸ᄀᆞ기여살ᄆᆞᆯ이
를니어욕시을조차찰곤치되가장긔ᄇᆞ독ᄒᆞ여술지ᄇᆡ가노
녀구의좀니ᄅᆞ와다지물ᄒᆞ우려아이나니이런아구모ᄅᆞᆯ회업
손남기며근원어보ᄂᆞᆫ므리고티여시저리몹ᄒᆞ면시ᄒᆞ우사ᄅᆞᆷ을
조롱이시려니와사오나온쥐면모다가도조기도의여굴헝
예구요련몸조녀그몬놈험ᄇᆞᆷ디아니ᄒᆞ야쉽ᄭᅦ굴밑ᄂᆞᆫ외타
시라효[illegible]에니ᄅᆞ외디하놀모ᄅᆞᆯᄣᆞ여作ᄒᆞ되니ᄅᆞᆯ인ᄒᆞ야몸몰
삼가조심ᄒᆞ야버부모ᄅᆞᆯ효양ᄒᆞ오미이상히실ᄒᆞᆫ효도라
牧田祖 바뒷공세ᄂᆞᆯ독바돔

◎旣力能務本又當力田故以田祖次之셔고ᄒᆞᄂᆞᆫ힘

갈기를힘서ᄒᆞ여밧빗나술바돌거실ᄂᆡ
바텃공ᄉᆡ바도몰비거ᄒᆞ노라

夫有祖則有役爲古有主則有田爲尼爲飛爲主者隱憂其役
之繁爲古爲佃者隱苦其租之大重爲尼爲飛主之憂役伊卽
佃之憂租伊羅佃租主役伊有關於時政伊如此爲尼故曰
民生在勤伊羅勤則不匱伊爲尼浚其陂塘爲旀築其園岸爲旀
利其器用爲旀糞其田疇故能使稻禾奴登場爲也上不失
公家之賦伊旀下可以養父母妻子爲里尼爲主者伊亦嘗
佃之勤勞爲也禾未熟也乏貸穀以輕其息爲旀禾旣熟也
乏平糴以足其額爲乎里尼不然則終歲之勤勞如刈穫之後

稻米伊 不足以償平日之逋欠是也 今年之苦佳 又甚是旀

去年之荒矣里羅 均是人也代如 持積累不同爲旀 氣有厚薄

伊尼 若能栽培主佃伊面 可以悠久爲里羅 爲人字救者伊又

能憂民之憂爲也 調護元氣爲羅次 斯能活民命而壽國脉也

伊里羅 孟子曰百畝之田乙勿奪其時伊面 八口之家可以

無飢矣伊里羅

공셰옷이시면 궁후일리잇고 받님재 이시면 받어우리ᄒᆞ리잇ᄂᆞᆫ

거시니 받님자도 궁우일리ᄒᆞ몯ᄀᆞᆫ 심ᄒᆞ곰 어우리ᄒᆞ린 공셰 너

므되요 몯ᄀᆞᆫ 쉽ᄒᆞ나니 받님재 ᄀᆞ우일ᄀᆞᆫ 심ᄒᆞ오미 곤어우리의 공쉬

곰ᄂᆞ오미라 받ᄀᆞᆯ사ᄅᆞ미 조쉬와 님자ᄒᆞ귀 시리 졍ᄉᆞ애 관계

ᄒᆞ미어렵ᄂᆞ니그런고로ᄇᆡᆨ셩의사ᄅᆞᆷ이브즈런ᄒᆞ오매잇ᄂᆞ니브즈런
ᄒᆞ면뎝시티아니ᄒᆞ리며못파뎨언마ᄭᅧ녀름지을면잠ᄃᆞᆯ
로히ᄒᆞ며받뒤걸우모ᄅᆞ리ᄎᆡ벼거두어드려우흐로구읫공셰
롬ᄀᆞᆯ아니코아래로어버이쳐ᄌᆞ식글ᄎᆞ리니받ᄂᆞᆷ자도어우리의슈
구ᄅᆞᆯ혜여ᄢᅦ니디아닌졔곡셕굴ᄒᆡᆼ이ᄀᆞ리ᄅᆞᆯ작기바ᄃᆞ려ᄢᅦ니거
ᄃᆞᆫ마되ᄅᆞᆯ편오히ᄒᆞ여바ᄃᆞ리니그리아니ᄒᆞ면ᄒᆞᆫ히유구ᄒᆞ며비욘뼈
로ᄌᆞ럼미슈ᄒᆞ오거슬갑지고 ᄒᆞ여올슈구편뎐결우미라ᄒᆞ더니。
리니ᄒᆞ온가짓사ᄅᆞ미ᄒᆞᆫ갓몸ᄲᅮᆷ희곰디아니ᄒᆞ여긍운ᄂᆞ다ᄅᆞᆯ생니
니받ᄂᆞᆷ차어우리ᄒᆞ우리서름ᄉᆞ도ᄃᆞᆺᄒᆞ여아가이오라리라ᄀᆞ쉬
예원도이리도ᄯᅩᄇᆡᆨ셩의시름을시름ᄒᆞ야시졀고ᄒᆞ우ᄅᆞᆯ

됴화케ᄒᆞ야아비셤의며ᄋᆞᆯ살와나라홀모라게ᄒᆞ리라
밍ᄌᆞ니르사ᄃᆡ인ᄇᆡᆨ이렴반ᄃᆞ시졀을알ᄋᆡ아니ᄒᆞ면며
듣ᄂᆞᆫ입쳘리지비가이주으리디아니ᄒᆞ리라

○崇儉朴 검박호믈슝샹홈

○田祖爲農家之本儉約爲立身之本故以崇儉朴
次之 바ᄐᆞᆺ나긔ᄉᆞᆫ셰간사ᄅᆞᆷ근본니오검박히ᄒᆞ려븍근몸 가ᄌᆞᆯ근본닐치ᄆᆡᆸ바기ᄒᆞ몸ᄋᆞᆯ버거ᄒᆞ노라

儉者隱不求奢侈之謂五朴者隱不務華靡之謂石古
之人君毋有卑宮室而惡衣服者爲旀有惜百金而不作
露臺者爲旀有以靑布緣寢殿簷廡者爲旀有宮中服御
之用凡器皆爲尼被貴爲天子爲旀富有四海代奴尙且節用

倣溫 況乎巨族之家伊 禮制有分限爲旀 財産有窮盡而可
以僭肆侈靡爲也 不顧其後也哉阿 食可飽而不必求珍
奇也伊旀 衣可煖而不必尙華麗也伊旀 廬可居而不必務
廣大也伊旀 吉凶賓嘉厓 寧過於儉而不可過於奢伊旀 寧
過於嗇而不可過於豐伊尼 如此則一家之所需易足伊旀
一歲之所得易給伊羅 旣免稱貸擧息伊五 又且省事寡過
爲也 無求於人爲里尼 由是如富者隱可保其富伊五 貧者隱
可離其貧也爲 一家之泰由此而興矣里尼 豈不樂哉里五 孔
子曰 以約乙奴 失之者鮮矣伊羅爲時多
검다ᄒᆞ오ᄆᆞ샤티치아니ᄒᆞ옴미오박다ᄒᆞ오ᄆᆞᆫ빗내아니ᄒᆞᆯ쉬니ㅣ녀님구미

지블ᄂᆞ不기ᄒᆞ고모ᄉᆞᆷ사오나이ᄒᆞ리도대시며곰을맛ᄲᅧ디아녀집의
리도계시며프른뵈거ᄉᆞ로ᄎᆞᆷ면바ᄅᆞᆫ휜두루리도계시며궁즁에셔
ᄇᆞᆰ고글ᄋᆞᆯ닐거ᄉᆞᆯ도ᄡᅳ시ᄂᆞᆫ겨시니ᄂᆞᆫ귀ᄒᆞᆷ나ᄃᆞ구며셔ᄃᆞᄒᆞᆫ
며로미나라ᄒᆞᆯ두샤뒤오히려존귤ᄒᆞ여ᄡᅳ시곤ᄒᆞ몰며심하
샹사ᄅᆞᆷ의지비법稱명ᄒᆞᆫ니이시며셰관이그ᄎᆞᆯ쥴리잇곤ᄎᆞᆷ아
샤치ᄒᆞ야혼이를헤디아니ᄒᆞ려바비빈ᄅᆞᆯᄲᅮᆫ이오구티여
귀ᄒᆞᆫ거ᄉᆞᆯ알려오ᄎᆞᆯ더웅ᄉᆞᆫᄲᅮᆫ이오구티여빗나게말며집불
살ᄲᅮᆫ이오구티여너로크게말며조ᄒᆞᆫ일구존일손보기예너모
검박ᄒᆞ고너ᄅᆞ샤치히말며너모쟉게ᄒᆞᆯᄲᅮᆫ이언뎡너모부허비아
ᄅᆞᆯ디니이러면ᄒᆞᆫ젓ᄎᆞᆯ이리수치ᄌᆞᆷ비코ᄒᆞᆫ휘예어든거시수이ᄌᆞᆺ라

아ᄂᆞ미게비ᄅᆞ야내오미ᄅᆞᆯ쟈교허믈ᄌᆞ가사ᄅᆞ미게구ᄒᆞ올이리업서

강ᄋᆞ여넌ᄀᆞ가오며롬가젓교ᄀᆞ난ᄒᆞᆼ너논ᄀᆞᄒᆞ난놀여희여ᄒᆞᆫ잡

븨부히도외요미미ᄅᆞ로나려나리니엇디낟ᄇᆞ디아니료곰ᄌᆡ너루

샤뒤즈디호몰로그르ᄃᆞ외리져ᄀᆞ니라

懲忿怒 노ᄒᆞ오미ᄅᆞᆯ ᄎᆞᆷ음

儉約安分之後爲防暴而難制之怒故以懲忿怒

次之 검박ᄒᆞ야 ᄇᆞᆫ을 ᄀᆞ로도ᄀᆞ구ᄆᆞᆫ 후에 모ᄌᆞᆷ 노롤 막ᄌᆞ롤 거셔라. 노ᄌᆞ모ᄅᆞᆯ 미기ᄒᆞ노라

孔子告子張曰一朝之忿乙忘其身以及其親是

忿欲爲阿時尼大抵爲地隱忿爭之起伊其端伊甚微而其禍

伊甚大爲尼譬如一星之火伊至於燎原爲旀一綫之流伊

至於滔天爲居人能於其初而忍之則事過而爲心淸

矣經奈何世人爲血氣所使爲以見觸忤不卽生

忿恨爲以見侵陵不卽起爭端爲也其初也不極口毁人

爲尼人亦極口而毁之爲於其終也不奮拳毆人爲尼人亦

拳而毆之爲也辛至僻府胥吏爲也詐訟於官爲於拘繫囹圄

爲也破蕩家産爲於仇讎相結爲也展轉報復爲也經有已時爲飛

爲尼靜言思之爲乎於曷若其初不忍其初於五里孔子曰

小不忍則亂大謀爲羅爲於

공치不참으두려니구사ᄃᆞ흐ᄃᆞᆺ아ᄎᆞᆷ기부ᄅᆞ오ᄆᆡ져몸ᄆᆞᆫ니저그어

범의ᄡᅡ밋ᄀᆡ오미미혹디아니홈녀흐시니ᄃᆡᄃᆞᆫᄒᆞᆫᄃᆡ브르리너기라니

26a

구쳐엄미자ᄀᆞ나 그지ᄒᆡ구장 크니 ᄇᆡ고ᄀᆞᆫᄃᆡ 노ᄋᆞᆫ 벌ᄉᆡ리 들옥ᄃᆞᆸ
티며ᄒᆞᆫ 실오리 솜을 ᄂᆞᆷ의 한 ᄇᆞᆯ ᄒᆡ다 게 도인나니 사ᄅᆞᆷ이 그쳐엄디
ᄎᆞ무연디 난휘무음 환ᄒᆞᆼ나니 ᄒᆞᆫ 엿디 상예사ᄅᆞᆷ이 섬겨 엇쇼고
맛초호매 즈재불로ᄆᆞᆫ 내여 죠고 맛ᄉᆞ옥 맛ᄉᆞᆸ니ᄅᆞ와다 사화촌
어미ᄀᆞ장 우몸 구숑ᄒᆞ니 나ᄅᆞᆯ 자ᄅᆞ 구숑ᄒᆞ며 네 죵매 주니
로 남물 티니 남도 도ᄅᆞ와 다 더 내 종아 그워 죵ᄒᆞ며 우ᄀᆡ흠
셰간법 아고 ᄌᆞ슈지어 서ᄅᆞ구고 힐회 말저기 업슨 가마니 셔쥬
랑귀든 엇데 처엄의 져근 ᄃᆞᆯ주 몸만ᄒᆞ리ᄆᆞ 곰쥐 니르사 디ᄂᆞᆫ 조
고맛 일 ᄎᆞᆷ디 아니ᄒᆞ면 큰 일ᄅᆞᆯ 엇조례리라 ᄒᆞ시다

賑飢荒 주으렴ᄒᆞ니 진졔옴

○處已待人之道旣備又當力行方便以積其德故以賑飢荒次之ㅣ몸가지며ᄂᆞᆷ뒤졉홈다ᄒᆞ고도ᄯᅩ모로미힘ᄡᅥ선ᄇᆞᆫ히ᄒᆞᆫ도히덕글만히지을ᄲᅢ실서주으릐ᄒᆞᄂᆞ니진졔홈몬버거ᄒᆞ노라

先儒曰天生五穀隱正放百姓矣飢厄伊五天福富家隱正欲貧富相資尼豐年樂歲余伊輸租以取贏爲古倍息以酬卷爲尼飛富者伊未必不藉貧者之力也羅蓋同鄉共里之人伊有患難相恤之義爲尼非其宗族伊隱大即其交舊伊旅非其傭田伊隱大即其比鄉伊尼推此仁心爲也施諸賑濟爲也以我有餘之粟乙奴貸諸貧之之民爲面陰則天道之默相伊五陽則鄉曲之感恩里尼此張乖崔矣所以歛數黃

承事之無濟旅饒止翁矣平價濟人而諸孫伊擢高第

也羅 論語曰君子隱周急伊五不繼富伊羅爲豆多

네살ᄋᆞᆷ미 닐우듸하논ᄒᆡ곡식을내요모져ᄒᆞ히벅셩의주우

리믈구ᄒᆞ오려고하나ᄂᆞ리히강ᄋᆞ면섭블복주사미졍히가난ᄒᆞ니

가ᄋᆞ겨나서르주뢰계ᄒᆞ시고디부가ᄋᆞ면ᄒᆞ여나믜공셰바티고부

벼ᄒᆡ갑ᄲᆞᆺ나니가ᄋᆞ며너도가난ᄒᆞᆫ사ᄅᆞᆷ믈야니주뢰ᄒᆞᄂᆞᆫ줄

리아니라ᄒᆞ고올ᄒᆞᆫ무ᄅᆞᆯ혀사ᄅᆞᆷ미여려윤제서ᄅᆞᆯ흫ᄒᆞᆫ

ᄒᆞ올ᄌᆞ리잇ᄂᆞ니제아ᄋᆞᆷ표아니면제텻비디오제받어우리아니면

제이웃ᄃᆞᆯ히나이어엿비너기ᄆᆞᄋᆞᆷ몰가져셔주어거리쳐니

야나믄곡식기로가난ᄒᆞᆫ사ᄅᆞᆷ믈벼이면그으긔셔하나리가다

셔돕고보ᄂᆞᆫ되무올히깃거ᄒᆞ리니ᄯᅳᆺ피아의황숑수의ᄀᆞᆷ제
ᄒᆞ몰공경ᄒᆞ야가폭미요지옹외가볼슬펴히ᄒᆞ여사름믈ᄀᆞ
ᄂᆞᆫ리치니손ᄎᆞ둘히노ᄑᆞᆫ곱데ᄒᆞ미라 당고아외황숑ᄉᆞ과오지공운ᄀᆞᆺ역면 사ᄅᆞᆷ마다황숑셔미혜메모믿니거든ᄃᆞᆫ
주고ᄲᅡ다툿ᄯᅡ가이듬히예모ᄭᆞᆯ히굼니거미만가니가단ᄒᆞᆫ직그당니조고ᄒᆞᆫᄯᅡᆯ 모더밤미아니ᄒᆞᆫ 그음덕으로ᄌᆞ손니번연ᄒᆞ며世세로벼슬ᄒᆞᆫ사ᄅᆞᆷ미다다
논어에닐우ᄃᆡ 어딘사ᄅᆞᆷ은셜워ᄒᆞᄂᆞ니주ᄌᆞ고ᄀᆞ오며
남ᄋᆞᆯ너ᄂᆞ다말라ᄒᆞ도다

○積陰德 뎍음덕일하ᄒᆞᆷ

●賑濟由飢餓而行事陰隲乃平昔之存心故以積陰德次之 진제ᄂᆞᆫ주우려거든ᄒᆞᄂᆞᆫ일리오 ᄂᆞᆷ모ᄅᆞᄀᆞᆯ뎍ᄒᆞᆫ오이르 샹녜ᄆᆞ옴에둘거시라 뎍ᄒᆞᆫ일하ᄒᆞ오ᄆᆞᆯ버거ᄒᆞᄂᆞ리

何謂陰德古成人之美為旀周人之急為旀救人於難而不

望其報伊是也羅 人欲為善等伊於 我則從曳而成就之為旀 人欲向學等伊於 我則指示而開導之為旀 人才遭遇等於 我則揄揚而薦擧之是乎 此之謂成人之美羅 飢寒迫切厓 分我有餘以助之為旀 死喪倥偬厓 稍已所有以濟之是乎 此之謂周人之急羅 顛擠溝壑者伊 可援則援之為旀 困厄水火者伊 可恤則恤之為旀 罹陷獄訟者乙 視其可活則活之是乎 此之謂救人於難伊羅 外此為也 如設義漿為旀 通津梁為旀 脩道途為旀 貸逋欠為旀 平糶糴價為旀 施醫藥是乎等 陰德中之一事也羅 昔者厓 于公伊 平反寬獄而其子為三公為古 鄧禹為古矣 陰德伊在人 而其孫為帝后為古 揚聲

伊致黃雀之應爲古毛寶膺白龜之救未乎背行陰德之報也羅人家子孫矣所以長享富貴者隱由祖宗矣積陰德以福之也五人家子孫矣所以長受貧賤者隱由祖宗矣不積陰德以禍之也羅易厓曰積善之家厓必有餘慶伊五積不善之家厓必有餘殃伊羅爲豆多

엇디닐온죠ᄒᆞᆫ일하ᄒᆞ옴고사ᄅᆞᆷ의됴ᄒᆞᆫ일일에ᄒᆞ며사ᄅᆞᆷ의설워ᄒᆞᆯ제취주며사ᄅᆞᆷ의어려운제구ᄒᆞ고도ᄅᆞ로갑과셔아니ᄒᆞᆯ시라사ᄅᆞᆷ미어딘일ᄒᆞ오려커든내부스도도와일우켜사ᄅᆞᆷ미글ᄒᆞ고져커든내지로ᄒᆞ여인도ᄒᆞ며사ᄅᆞᆷ미쓰이디못ᄒᆞ여빼든ᄀᆞ르로블어걷거ᄒᆞ오미이닐운사ᄅᆞᆷ믜됴ᄒᆞᆫ일일우미라그[illegible]치

민을녀기ᄂᆞᆫ재니믄귀슬노하야도ᄒᆞ며조ᄎᆞᆫ샹ᄉᆡ미녀
쳐ᄌᆡ녀게잇ᄂᆞᆫ거ᄉᆞ주어거리치미이녈운설위ᄒᆞ올제ᄎᆔ주미
라굴항애업ᄃᆞ려잇ᄂᆞᆫ너가이구완ᄒᆞ얌즉거든구완ᄒᆞ며
믈블레슈구ᄒᆞ리가이구ᄒᆞᆯ만ᄒᆞ얌즉거든구휼ᄒᆞ며옥개ᄃᆞ
ᄒᆞᆺ니너가이찰와믈즉거든살오며이녈운살옴의어려운졔구
ᄒᆞ올미라이말은ᄯᅩ장슈밍규라놈머기며믈레두리노하샤름곤
녜며괴닷그며빈몸바틴것ᄇᆞ리며곡셕주고평허바ᄃᆞ며약
ᄒᆞ여병ᄒᆞ니주미다됴ᄒᆞᆫ일ᄒᆞ오매ᄒᆞᆫ일리라녜우공이(살옴의 인간옴)
ᄀᆞᆫ역ᄭᅥᆺ죄슈롤혐케ᄒᆞ니그ᄌᆞ식기졍승도외오ᄃᆞᆼ위(살옴의 일ᄒᆞᆷ)됴ᄒᆞᆫ
일ᄒᆞᄂᆞ니손ᄎᆔ님믈듕궁이도외오양뵈황쟉ᄆᆡ웅거ᄂᆞᆸ고(양뵈 ᄆᆞᆫ사)

ᄆᆞᄋᆞ미 그른 새 벼ᄋᆞᆯ 엿기ᄂᆞᆫ 브ᄅᆞ가 며다가 왁ᄎᆞ여 고티니 그재 사ᄅᆞᆷ미도
위어와 오구ᄅᆞᆯ술 ᄅᆞᆯ주고 닐오ᄃᆡ 이를 ᄀᆞ라치시면 여러 귀졍ᄒᆞ믈 뫼리라 모뵈뵈구의구
ᄒᆞᆫ몰맛나니 ᄆᆞᆯ뵈란 사ᄅᆞᆷ미 ᄒᆞᆫ기부브 ᄆᆞᆯ짓가지바 도로 노ᄒᆞ니 훼사ᄒᆞᆫ데 ᄒᆞ엿ᄃᆞᆯ
레ᄂᆞ리 ᄒᆞᆫ ᄀᆞᆯ을 ᄀᆞ려 무뢰시라 너고 너ᄂᆞ이리ᄂᆞᆫ 호히 거부ᄅᆞᆸ ᄒᆞ리라 라
ᄂᆞ노ᄒᆞᆫ 일ᄅᆞᆯ ᄒᆞ요ᄆᆞᆯ 포미라 사ᄅᆞᆷ미 不孫ᄒᆞ이 오래ᄇᆞ 귀ᄅᆞᆯ 졸료미
ᄉᆞ상의 죠ᄒᆞᆫ 일ᄅᆞᆯ 히ᄒᆞ므로 보ᄀᆞᆯ 소고 사ᄅᆞᆷ의 不孫ᄒᆞ니 오래 ᄇᆞᆫ 손
히 도이 요미 조샹의 쇼ᄒᆞᆫ 일ᄅᆞᆫ 아니ᄒᆞ오므로 ᄒᆞ취 해 잇ᄂᆞ니 쥬뎍에
ᄃᆡ 쇼ᄒᆞᆫ 일ᄅᆞᆫ 하ᄒᆞᄂᆞᆫ 지섭은 보ᄅᆞᆷ미 나므ᄇᆞᆸ 취 잇고 사와나
온의ᄅᆞᆫ ᄒᆞᆨᄒᆞᆫ 답답ᄂᆞᆫ 모ᄅᆞᆯ ᄆᆞ마 ᄆᆞᆷ아 열어 잇ᄂᆞᆫ니라 ᄒᆞᆫ두다
[illegible]
졍쇽언ᄒᆡ 歸人 [illegible]
正俗諺解 終

本面落張

正俗諺解

（一簑文庫本）

正俗諺解

孝父母 友兄弟
和室家 訓子孫
睦宗族 厚親誼
恤鄰里 慎交友

正俗編

積善之家必有餘慶

壬子十二月　日　秋巖長箭

而冊異欵半宋相付疏于本黌者

宋按使印送

正俗編

孝父母　友兄弟　和室家　訓子孫　睦宗族　厚親誼　恤鄰里

愼交友　待幹僕　謹喪祭　重墳墓　遠凑祀　務本業　收田租

崇儉朴　懲忿怒　賑飢荒　積陰德

正俗編　十八目

正俗篇

積善之家必有餘慶
積善之家必有餘慶

信

正俗序

松江為郡西控三泖北據吳淞東南負大海境壤遼曠戶口繁夥由是稅糧詞訟視淛右諸路為劇至正五年冬至和來守于茲深念

聖天子委任之隆勉諭之篤夙夜戰兢寔恐弗稱每以為政之本莫先於化民成俗故嘗疾學校訓子弟講詩書習禮樂冀盡承宣之責而小裨風化也然而大民稠豈能家喻戶曉重惟逸

述正俗篇以教民一時聞者靡
茲用舉而行之復益其切於時弊者
目凡十有八父母兄弟室家子孫當盡
夫孝友和訓之道宗族親姻鄰里交友
當推其睦厚恤愼之心待幹僕必嚴而
寬謹喪祭必孝而敬墳墓不可以不重
淫祀不可以不遠本業是務必無匱乏
之憂田租之收必安主佃之分崇儉朴
懲忿怒家道可得而守賑飢荒積陰德
門閭可得而昌凡此善言皆可警俗俾

鋟梓傳之屬邑以示敎焉爲吾民者滌
其習俗之汚新其日進之德遷善改過
不觸于刑則風俗還淳理功以著庶無
負 朝廷深仁厚澤涵育天下之意云
亞中大夫知松江府事兼勸農事知渠
堰事濟南路棣州王至和序

目録

正俗諺解

孝父母

人之行莫大於孝故以孝父母先之
父母者隱子之天地尼孔子曰子生三年
然後厓沙免於父母之懷伊羅時古爲詩曰哀哀
父母亦生我劬勞舍叱多又曰父兮生我爲時
古母兮鞠我爲尼時欲報之德伊大隱昊天罔
極伊舍叱多爲尼故孝子之事親也隱冬溫夏凊
爲旀昏定晨省爲旀出必告反必面爲旀問衣燠
寒爲旀問何飮食爲旀有疾伊於時等飮藥先嘗爲旀

有過伊於時等柔聲以諫爲也撻之流血伊舍豆不
敢疾怨乎里尼此皆職分之所當爲也羅雖
在貧乏之中伊那亦當竭力爲也以奉菽水之
歡乎里尼蓋今日之孝吾親伊後日子孫伊
亦必盡孝於我爲里尼此感應自然之理也
羅若夫不敬其父面是不知有天也五不
愛其母面是不知有地也尼人而不知有
天地則覆載所不容伊弥神明所不佑羅將
有天誅人禍伊以及其身爲里尼尚誰咎哉
里五孔子曰五刑之屬伊三千尼而罪莫大

於不孝也 伊羅爲 時尼羅

효부모

사ᄅᆞᆷ의ᄒᆡᆼ실이효도에셔큰이업ᄉᆞᆫ고로아비와어미ᄭᅴ효도ᄒᆞᆯ일로ᄡᅥ읏듬을삼노라

아비와어미ᄂᆞᆫᄌᆞ식의하ᄂᆞᆯ과ᄯᅡ히니공ᄌᆡ라ᄒᆞ시ᄂᆞᆫ셩인이니ᄅᆞ시되ᄌᆞ식이난ᄃᆡ삼년이디난후에사부모의품속을ᄯᅥ음으로면ᄒᆞᆫ다ᄒᆞ시고모시라ᄒᆞᄂᆞᆫ글에ᄂᆡ로되슬프고슬프다아비와어미겨셔

나를나ᄒᆞ샤믈슈고로이ᄒᆞ시도다ᄒᆞ고
그글에ᄯᅩ글오되아비나를나ᄒᆞ시고어
미나를쳐겨시니ᄃᆡᆨ을갑고져ᄒᆞᆯ션대하
ᄂᆞᆯ곳티더ᄒᆞᆫ고ᄀᆡ업도다ᄒᆞ니이러모로
효ᄌᆞ의어버이섬기ᄂᆞᆫ도리ᄂᆞᆫ치ᄋᆞᆫ배ᄂᆞᆫ
ᄃᆞᄉᆞ케ᄒᆞ고더온적은서늘이ᄒᆞ며어둡
거든자리ᄅᆞᆯ돌보와드리고새배여
든엇더히디내시믈ᄉᆞᆯ펴알며나갈제ᄂᆞᆫ
반ᄃᆞ시ᄉᆞᆯ외고도라오면반ᄃᆞ시뵈오며
나ᄇᆞ신의복이ᄃᆡ오며치오믈뭇ᄌᆞ오며

무서슬마시며자실고 긋즈오며병환이
겨시거든 샥마실새예 제몬저맛보며마
실이 겨시거든 소리롤유화히ᄒᆞ야 빼간
ᄒᆞ야 비록 뎌 피흘니도 감히 질시ᄒᆞ야 원
구티아니홀디니 이노 다 ᄌᆞ식의구실파
분의예 맛당히ᄒᆞ얌즉ᄒᆞᆫ배라 비록가난
ᄒᆞ야 업ᄂᆞᆫ가온대 이시나 ᄯᅩᄒᆞᆫ 맛당히 져
힘을 갈진히ᄒᆞ야 뻐음식이 됴토록위아
들셔너 대개오 ᄂᆞᆯ날 내어버희게 효양을
잘ᄒᆞ면 후날의 ᄌᆞ손이 ᄯᅩᄒᆞᆫ 반ᄃᆞ시 내게

효양을극진히ᄒᆞ리니이ᄂᆞᆫ곰동ᄒᆞ야운ᄒᆞ미ᄌᆞ연ᄒᆞᆫ디라만일그아비를공경티아니ᄒᆞ면이ᄂᆞᆫ하ᄂᆞᆯ을아디못ᄒᆞᄂᆞᆫ작이오그어미를ᄉᆞ랑티아니ᄒᆞ면이ᄂᆞᆫᄯᅡ흘아디못ᄒᆞᄂᆞᆫ일이니사ᄅᆞᆷ이오텬디를ᄉᆞ디못ᄒᆞ면텬디도용납디아니ᄒᆞᆯ배며귀신도돕디아니ᄒᆞᆯ배라오라디아녀셔하ᄂᆞᆯ의벌과사ᄅᆞᆷ의쇄벼제몸의미ᄎᆞ리니오히려뉘타시라ᄒᆞ려오셩인이니ᄅᆞ시되다ᄉᆞᆺ가지형벌삼쳔가지죄목의불효

엇되만코 미얻다ᄒᆞ시니라

友兄弟

父母者己之所自出兄弟者己之所同出故以友兄弟次之

骨肉至親伊莫如兄弟是詩云死喪之威余伊兄弟孔懷伊旀又曰兄弟鬩于墻耶外禦其侮伊羅爲尼則兄弟之親伊異體同氣羅死喪則相恤爲旀患難則相救爲也其真情之發伊勇見於顛沛之頃爲尼羅以此奴知兄弟之親隱不可一日而絶也羅世有視親人

乙過於兄弟者爲尼然那始聚而終離者多矣是臥尼唯兄弟隱一脉之親伊羅終不可絶伊尼始雖乖也而終必和爲旀始雖散也而終必聚爲尼里此倫誼之愛伊雖屬乎人伊那實本於天也羅書云子弗不念天顯爲也乃不克恭厥兄爲面兄亦不念鞠子哀爲也大不友于弟爲羅尼至有同室操戈爲也疎薄骨肉爲里尼是ㄱ自絶其手足爲旀自撤其藩籬羅一旦臣殃咎之至而欲求援於他人伊難矣羅里經ノ曰宜兄宜弟而后至可以敎國人伊羅爲豆

우형뎨

부모ᄂᆞᆫ 제몸이브터 난배오 형뎨ᄂᆞᆫ 제몸이 논하난배니 이러모로 형과 아이서ᄅᆞ ᄉᆞ랑ᄒᆞ기로 벼버거를삼노라

골육으로 지극히 친홈이 형뎨만ᄀᆞᄐᆞ니 업ᄉᆞ니 모시라ᄒᆞᄂᆞᆫ글에 닐오되 죽으며 상ᄉᆞ의 놈은 둘의 여피ᄒᆞᄂᆞᆫ 끄뉘 형뎨ᄂᆞᆫ 서ᄅᆞ 근심ᄒᆞ야 분별ᄒᆞ다ᄒᆞ야시며 그글

의ᄯᅩ날오되형파아이담안히셔빠화사오나이구나밧그로그환을동심ᄒᆞ야막ᄂᆞᆫ다ᄒᆞ야시니형톄의친홈이몸이달나도긔운인즉ᄒᆞᆫ가지라죽어상ᄉᆞ애곳셔ᄅᆞ근심ᄒᆞ며환난의ᄂᆞᆫ곳서ᄅᆞ구완ᄒᆞ야그진졍이절노나미미양어려온디경의뵈ᄂᆞ니이러모로뼈형톄의친은가히ᄒᆞᆫ ᄅᆞ도굿더못ᄒᆞᆯ줄을알셔시라셰샹사ᄅᆞᆷ이님친히녀기믈형톄에셔더ᄒᆞᆫ재이시나그러나처옴의친타가나죵은범으ᄂᆞᆫ

재만거니와오직형톄ᄯᅡ혼혈믹으로된
거시라못ᄎᆞᆷ내가히굿디못ᄒᆞᄂᆞ니처音
은비록이긔나나죵은반ᄃᆞ시화ᄒᆞ며처
음은비록ᄒᆞ트나나죵은반ᄃᆞ시모히리
니이인륜의올ᄒᆞᆫᄉᆞ랑이비록사ᄅᆞᆷ의게
이시나실은하ᄂᆞᆯ히삼긴근본이라상셔
라ᄒᆞᆫᄯᅩ글에닐오되아이하ᄂᆞᆯ삼긴형톄
현연ᄒᆞᆫᄎᆞ셔을ᄉᆡᆼ각디아니ᄒᆞ야놈히재
형을공경티아니ᄒᆞ면형이ᄯᅩᄒᆞᆫ제부뫼
저희형톄칠젹ᄭᅴ로오믈ᄉᆡᆼ각디아니ᄒᆞᆫ

야크게 그ᄉᆞ을 ᄉᆞ랑티 아니ᄒᆞᆫ다ᄒᆞ야시니 ᄒᆞᆫ 집안히 장기를 잡고 서ᄅᆞ ᄡᅡ화 골육이 셩거여 사오나오미 잇기예 니ᄅᆞ리니 이ᄯᅩ 스스로 졔 유족을 긋츠며 스스로 졔 울ᄒᆞᆯ거든이라 ᄒᆞᆯᄅᆞ 아ᄎᆞᆷ애 상얼의 한과 허물의 젹이 니ᄅᆞ거든 다ᄅᆞᆫ 사ᄅᆞᆷ의 구완ᄒᆞᆷ을 엇고져 ᄒᆞ나 어려오리라 경이라 ᄒᆞᆫ 글에 ᄀᆞᆯ오되 형의게 맛당ᄒᆞ고 아의게 맛당ᄒᆞᆫ 후에 아 가히 베ᄂᆞᆷ을 ᄀᆞᄅᆞ치리라 ᄒᆞ도다

和室家

家之不齊由夫婦不和人能和於妻子宜於兄弟則父母安樂之故以和室家次之

夫婦隱人倫之本伊羅有夫婦然後厓有父子爲尼里易以乾坤爲首五詩以關雎爲先爲尼然欲齊家大伊隱必自脩身始羅身正則一家無不正爲古身不正則一家伊亦不正爲羅里昔厓冀缺伊耨乙於其妻饁之代乎敬相待如賓乙於臼季伊使過而見之爲古擧於下

軍大夫爲尼羅孔子誦棠棣詩爲舍至妻子好
合伊如鼓瑟琴而歎美曰父母隱其順矣
乎爲古尼盖人能和於妻子則父母其安樂
之矣里羅是則夫婦和順伊非惟可以隆家
道伊羅實可以悅親心也里羅世有昵愛婢妾
爲也疎薄正妻者爲尼殊不知妻隱齊也羅父
母之所命也於兄弟之所宗也羅一與之
齊面終身不改爲也甘苦貧富死生厓同之
爲尼飛婢妾之徒隱苟利主翁矣一時之愛
爲也妬寵恃勢爲也無所不爲爲尼飛一旦厓主

翁伊失勢則舍之而事他人矣里乙復奚顧哉里五詩云刑于寡妻爲也至于兄弟爲也以御于家邪伊羅爲豆舍

화신가

집이ᄀᆞ족디몯홈은지아비와지어미화동티몯ᄒᆞᆫ타시니사ᄅᆞᆷ이눕혀처ᄌᆞᄅᆞᆯ화동ᄒᆞ며형뎨ᄅᆞᆯ맛강히ᄒᆞᆫ즉아비와어미편안ᄒᆞ야즐겨ᄒᆞ시리니그러모로지어미화동ᄒᆞ기로ᄡᅥ버거ᄅᆞᆯ삼노라

지아비와지어미ᄂᆞᆫ인륜의근본이라부부이신연후에야아비와아들이이시리니쥬역이라ᄒᆞᄂᆞᆫ글에건곤으로ᄇᆡ머리ᄅᆞᆯ삼기ᄂᆞᆫ음양이비합ᄒᆞᆷ을샹ᄒᆞ미오모시라ᄒᆞᆫ글세관져로ᄇᆡ웃듬을ᄒᆞ기ᄂᆞᆫ부쳬화합ᄒᆞ믈니ᄅᆞ미니그러나집을졍제코져ᄒᆞᆯ진대반ᄃᆞ시제몸의ᄒᆡᆼ실을닷기로브터시쵸ᄒᆞᆯ디라제몸이바ᄅᆞ면ᄒᆞᆫ집안히바ᄅᆞ디아니리업고몸이바ᄅᆞ디못ᄒᆞ면ᄒᆞᆫ집안히ᄯᅩᄒᆞᆫ바ᄅᆞ디아니ᄒᆞ리라

녯젹의 거렬이라 ᄒᆞᄂᆞᆫ 사ᄅᆞᆷ이 들으메 가
밧갈거ᄂᆞᆯ 제 지어미가 밥먹이되 부쳐 공
경ᄒᆞ야 서ᄅᆞ 디졉ᄒᆞᆷ을 큰사가ᄂᆡ ᄀᆞᆺ티ᄒᆞᆷ
거ᄂᆞᆯ 구계라 ᄒᆞᄂᆞᆫ 수신이 디나가다가 그
형상을 보고 괴특다 ᄒᆞ야 나라히 거천ᄒᆞ
야 하군대후 벼슬을 ᄒᆞ이니라 공저라 ᄒᆞ
실 셩인이 당톄시라 ᄒᆞᄂᆞᆫ 글을 외오샤 쳐
ᄌᆞ 호합ᄒᆞᆷ이 비파과 거문고 ᄐᆞᆷ ᄀᆞᆺ다 비간
ᄆᆞ디에 너ᄅᆞ려 탄싀ᄒᆞ야 기ᄅᆞ여 너ᄅᆞ시
되 그 짓부모ᄂᆞᆫ 그 편안ᄒᆞ야 슌ᄒᆞ리로다

ᄒᆞ시니、대개사ᄅᆞᆷ이、능히쳐ᄌᆞ를화동ᄒᆞᆫ
즉、아비와、어이그려키로편안ᄒᆞ야즐거
오리라、이련즉브븨화ᄒᆞ고슌홈이다모
가히、뼈집안일이잘될ᄲᅮᆫ이아니라실로
가히、뼈어버의、ᄆᆞ음을、깃기ᄂᆞᆫ일이라、셰
샹、사ᄅᆞᆷ이、죵녀집을심히ᄉᆞ랑ᄒᆞ야、졍쳐
를소박ᄒᆞᄂᆞᆫ재、이시니모롬이쳐라ᄒᆞᄂᆞᆫ
거ᄉᆞᆫ、제몸과、ᄀᆞᆺᄐᆞᆫ거신줄을아디못ᄒᆞᄂᆞᆫ
일이라、ᄇᆞ부되면ᄒᆞᆫ신배여、형톄웃듬、삼ᄂᆞᆫ
배라、호번、ᄃᆡ브리부톄되면、몸이ᄆᆞᄎᆞ도록、

갓리러야니ᄒᆞ야 표ᄒᆞ며 그즘파가 난ᄒᆞ
여 가ᄋᆞ 염파 죽으여 살기애 ᄒᆞᆫ가지로 ᄒᆞ
러니 좀쳡의 물이 ᄯᅩ 긴실로 데짓 어론의
일시예ᄉᆞ 광홈을 나 히더거롬을 새오고
셔 (형세보반ᄉᆞ) 를 미더 못ᄒᆞᆯ 일이 업시ᄒᆞᄂᆞ니 ᄒᆞᄅᆞ아
츰애 제짓 어론이 형셔을 일허 패ᄒᆞ면즉
시ᄇᆞ리고 다로ᄂᆞᆫ 사롬을 셤기리니 다시 무
어ᄉᆞᆯ 돌어보리오 모시라 ᄒᆞᄂᆞᆫ 굴에 블오
되 겨쳐의 게몬져 법을 세위 형뎨의게 널
으게 ᄒᆞ야 글로 ᄲᅧ집파 나라히 어ᄒᆞ야 항

케ᄒᆞ라ᄒᆞ도다

訓子孫

孝友父兄和樂室家則家道可興興

而能久在乎賢子孫故以訓子孫次

之

石碏曰愛子乎隱代教之以義方伊五弗納於

邪尼大抵爲隱地人家子孫尼不問富貴貧

賤爲也其資稟之聰俊者豆固不可以不學

於其下愚者豆亦不可以不專一藝也羅

然乃所謂學者隱非徒誦說詞章而已羅講

明孝悌忠信、禮義廉恥、而識其是非善惡之所在也羅 庶幾他日乎 立身揚名、爲也 以顯父母伊 皆由學以基之也尼羅 所謂藝者隱 隨其子孫資禀而成就之尼 質朴實者於隱 歸於農爲旀 善會計者於隱 歸於商爲旀 有巧性者於隱 歸於工乎尼 里 蓋天下乎 無棄人伊旀 亦無棄材毛 若能專守一藝面 大則可以致富五 小則亦不至於飢寒也里羅 今有富盛之家伊 其父兄伊 恃其貲産之多爲古 不教子弟爲也 以至於沉湎淫泆爲旀 無所不爲

爲也 卒至於滅身傾家而後已爲旀 貴官之家伊 其父兄伊 恃其爵祿之高爲古 不教子弟爲也 以至驕奢放縱爲旀 無所不爲爲也 卒至於忘身滅族而後已爲飛尼 蓋不知訓之之道故也 羅傳曰遺子黃金滿籯伊 不如教子一經爲羅古 又曰良田萬頃伊 不如薄藝隨身伊羅爲豆多

훈ᄌᆞ손

부형을효양ᄒᆞ며ᄉᆞ랑ᄒᆞ고쳐ᄌᆞ를화동ᄒᆞ야즐겁게ᄒᆞᆫ즉집의ᄒᆞᄂᆞᆫ일

이닐어나라니닌후애능히오래보
젼ᄒᆞ기ᄂᆞᆫ어딘ᄌᆞ손의게잇ᄂᆞᆫ고로
ᄌᆞ손ᄆᆞᄅᆞ치기로배버거을삼노라
셕쟉이라ᄒᆞᄂᆞᆫ녯적어딘사ᄅᆞᆷ이글오ᄃᆡ
아ᄃᆞᆯ을ᄉᆞ랑ᄒᆞ되는올흔일로배ᄆᆞᄅᆞ치
고,굴은고ᄃᆡ들게아니ᄒᆞ려니대뎌ᄒᆞᆫ디
사ᄅᆞᆷ의짓ᄌᆞ손이부귀ᄒᆞ며빈쳔홈은의
논디마라제ᄌᆞ질삼김이총명ᄒᆞ고쥰슈
ᄒᆞᆫ쟈도진실로가히배아니ᄇᆡ호디못ᄒᆞᆯ
거시며그하품으로어련쟈도ᄯᅩᄒᆞᆫ가히

배, ᄒᆞᆫ 지조ᄂᆞᆫ, 젼력디, 아니티 몯ᄒᆞᆯ 거라 그
러나, 닐은 바, 비호다 홈은 ᄒᆞᆫ갓 글이나, 외
와, 닐을 ᄯᆞ름이 아니라, 어버의게 효도ᄒᆞ
며, 어론의게, 공슌ᄒᆞ고, 님금의게 튱셩ᄒᆞ
며 벗의게 신실ᄒᆞ고 톄, 의와 념티, 예 일을
의논ᄒᆞ야 ᄇᆞᆯ켜 올흐며, 그ᄅᆞ며, 어딜며 사
오나옴이 잇ᄂᆞ고 들, 알옴이라 ᄒᆡᆼ허다 ᄒᆞᆫ
날애, 몸을, 셰오고 일홈을 내야 ᄲᅦ, 부모를
현달케 홈이 다 비ᄒᆞᆫ 일을 말미삼아 텨홀,
삼을 이라 닐은 바 ᄒᆞᆫ 지조란 말은 그 ᄌᆞ손

의ᄌᆞ 질삼기믈보와ᄀᆞᄅᆞ쳐되게홈이니
제ᄌᆞ질이ᄉᆞᆺ되고실ᄒᆞᆫ잘난녀름지을고
대도라보내여혬수를잘ᄒᆞᄂᆞᆫ잘난댱ᄉᆞ
질ᄒᆞᆯ고되도라보내여공교로온셩벽이
잇ᄂᆞᆫ잘난쟝인의고되도라보내되니대
개편하애ᄇᆞ릴사름이업스여ᄯᅩᄒᆞᆫᄇᆞ릴
ᄌᆡ조업스니ᄆᆞᆫ일능히ᄒᆞᆫᄌᆡ조라도오오
로ᄃᆡ희면큰즉가히배가ᄋᆞ멸믈닐외고
져거도ᄯᅩᄒᆞᆫ긔한ᄒᆞ기예닐오디아니ᄒᆞ
리라이제가ᄋᆞ 멸고셩ᄒᆞᆫ집이그후형엣

사ᄅᆞᆷ이그가진것만ᄒᆞᆷ을밋고ᄌᆞ톄를ᄀᆞ
ᄅᆞ치디아니ᄒᆞ야그러키로뼈술에좀기
고져집의게음난ᄒᆞ야ᄒᆞ디아닐배업셔
ᄆᆞᄎᆞᆷ애제몸이멸ᄒᆞ고집을기오론후에
말기예닐으며귀ᄒᆞᆫ벼슬ᄒᆞᆫ집이제부형
되니그벼슬과녹이노픔을밋고ᄌᆞ톄를
ᄀᆞᄅᆞ치디아니ᄒᆞ야그러키로뼈교만샤
치방픔ᄒᆞ기예니ᄅᆞ며ᄒᆞ디아닐배업시
ᄒᆞ야ᄆᆞᄎᆞᆷ애몸을망ᄒᆞ고가문이멸ᄒᆞ기
에닐오후에아ᄂᆞ니대개ᄒᆞᆫ디ᄌᆞ톄ᄀᆞᄅᆞ

칠도리를 아디 몯ᄒᆞᆫ다 시라 뎐이라 ᄒᆞᄂᆞᆫ
글에 글오되 ᄌᆞ식을 황금을 섥의 ᄀᆞᆨ게 깃
텨 주미 ᄌᆞ식을 ᄒᆞᆫ 가지 글 ᄀᆞᄅᆞ침만 ᄀᆞᆺ디
몯ᄒᆞ다 ᄒᆞ고 ᄯᅩ 글오되 됴ᄒᆞᆫ 밧 만경 두ᄂᆞᆫ
거시 져근 ᄌᆡ조 몸에 잇ᄂᆞᆫ 이만 ᄀᆞᆺ디 몯ᄒᆞ
다 ᄒᆞ도다

睦宗族

能盡父兄妻子之道而後可以及族
人故以睦宗族次之

同源分派羅其初厓一人之身伊尼尊祖故

敬宗伊五敬宗故敬族伊尼人不重其族西是不重其祖也羅昔者聖人伊酌人情之輕重爲舍立爲五服之制爲也以聯骨肉爲旀以別親踈爲也歲時之間厓合族以食爲旀序以昭穆爲也生則有恩以相愛爲古死則有服以相接巨伊時尼爲若此西宗族雖多那無異於一人也里羅今厓風俗日漓爲也不敬其親伊隱五況其祖乎阿不念其親伊隱五況其族乎阿族有土田則思幷呑之爲古族有財物則思攫攘之爲旀族有善良則摧抑而疾癔之爲古

族有過惡則發露而播揚之爲也以至僕隸

粱肉而伯叔伊朝飢爲旀妾曳綺紈而宗族

伊赤體爲尼飢此皆天理之所不容伊羅祖宗

伊冥冥之中亦必蹙額而不佑之矣里羅

禮余伊曰尊祖故敬宗伊五敬宗故民知孝伊羅爲豆多

목죵족

능히 부형과 쳐조의게 홀 도리를 다

ᄒᆞᆫ 후면 가히 써 권당의게 미ᄎᆞ리니

그런고로 권당화목ᄒᆞ기로 써 ᄒᆞ거

를삼노라、

근원이ᄒᆞᆫ가지로셔、가려、논화완ᄂᆞᆫ더라、

그、처음애ᄂᆞᆫ、ᄒᆞᆫ사ᄅᆞᆷ의몸이니、조상을노

피、위ᄒᆞᄂᆞᆫ고로、종가ᄅᆞᆯ공경ᄒᆞ고、종가ᄅᆞᆯ

공경ᄒᆞᄂᆞᆫ고로、권당을、공경ᄒᆞᄂᆞ니、사ᄅᆞᆷ이

오、그、권당을、통히아니너기면이ᄂᆞᆫ、그、조

상을둥히아니너기미라、녯적셩인이사

ᄅᆞᆷ의、ᄠᅳᆺ의경ᄒᆞ여둥ᄒᆞᆫ들、참작ᄒᆞ샤、셰워

다ᄉᆞᆺ가지、복ᄒᆞᄂᆞᆫ제도ᄅᆞᆯ、ᄆᆡᆼ그라、ᄡᅧ、골육

을、역그며、ᄭᅢ친ᄒᆞ며、셩거、물분별ᄒᆞ야서

올파、명졀애、권당울모화、베이바디ᄒᆞ며
아ᄃᆞᆯ파、손ᄌᆞ의、줄로、뻬ᄎᆞ셔ᄒᆞ야、사라신
죽은、졍으로、뻬서ᄅᆞᄉᆞ랑ᄒᆞ고、죽은죽복
ᄒᆞ기로、뻬서ᄅᆞ、더졉뻬ᄒᆞ시니이、ᄀᆞᆺ티ᄒᆞ
면、가문권당이비록、만ᄒᆞ나、효사ᄅᆞᆷ이나、
달으더、아니러라、이제시졀에풍쇽이날
로、ᄒᆞ리여제어버이ᄅᆞᆯ공경티아니ᄒᆞ니、
ᄒᆞ물며그、조샹이야、닐ᄋᆞ랴、그、어버이ᄅᆞᆯ
셩각디、아니ᄒᆞ니、ᄒᆞ물며그권당이야、의
논ᄒᆞ라、권당이、텬뢰이신즉、오오로싱키

믈싱각ᄒᆞ고、권당이제、믈이이신즉더위
려가지믈、싱각ᄒᆞ며、권당이착ᄒᆞ고、어던
일、이신즉것디려、놀소며、무이녀겨보재
고、권당이、허물과、죄악이이、신즉、발각ᄒᆞ
야、낫ᄎᆡ내며、턴파ᄒᆞ야、들추워、써좃이됴
ᄎᆞᆫ밥과、술진고기를、비불너술희여、호터
제아자비됴、아ᄎᆞᆷ을、굴무며첩은비잔과、
깁을ᄯᅡ히그、으게、넙어시되계권당은、블
근술허나기예니、르ᄂᆞ니이됴、다하ᄂᆞᆯ신
명ᄒᆞᆫ신、니에、용납디아닐배라、조상신령

이어두온가온대겨셔도任ᄒᆞᆫ반ᄃᆞ시님
아ᄒᆞᆯ싱긔고돕디아니ᄒᆞ리라녜라ᄒᆞᄂᆞ
ᄀᆞᆯ에닐더시되조샹을노피위ᄒᆞᄂᆞᆫ고로
종가를공경ᄒᆞ고종가를공경ᄒᆞᄂᆞᆫ고로
ᄇᆡᆨ셩이효셩엣도리를아다ᄒᆞ도다

厚親誼

宗族者同姓之骨肉親姻者異姓之
骨肉故以厚親誼次之
人旣知重其族黨五伊又有母黨之親爲旀有
妻黨之親爲旀有累世之姻爲旀有新締之姻

爲尼人於妻黨新親厓隱未有不知愛重者於尼
卧至於母黨之親隱能恤而念之者鮮矣
尼羅母黨之親乙不能念之則累世之姻矣
休戚厓不相關爲旀慶吊厓不相問乙從可
知矣里多奴是則不重母黨者隱不孝其母
也五不重世姻者隱不敬其祖也羅昔者
厓先王伊躬行仁義爲古時又建官置師爲舍
爲其有同姓也故教以睦爲旀時爲其有異
姓也故教以姻爲尼時以爲徒敎之伊或不
率也乙可爲舍於是乎厓有不睦不姻之刑焉

爲時飛尼 然則親誼之道伊 先王之所重尼 可

不篤哉阿 詩曰我見舅氏乎尼 如母存焉奴多

又曰婚姻之故奴 言能爾居伊羅爲豆多

후친의

종족이라ᄒᆞᄂᆞᆫ자ᄂᆞᆫ 동셩에골육이오 친인이라ᄒᆞᄂᆞᆫ자ᄂᆞᆫ 이셩에골육이니 그러모로 친쳑엣의를두터이ᄒᆞᆷ모로 ᄡᅥ버거을삼노라

사ᄅᆞᆷ이 임의 제 권당 듕히 녀길줄알고 ᄯᅩ 엄의 친쳑이 이시며 쳐편친쳑이 이시며

여러ᄃᆡ、인친이、이시여、새로ᄆᆡ즌、인친이、
이시니、사ᄅᆞᆷ이、쳐편과、새、인친은、ᄉᆞ랑ᄒᆞ
며、듕ᄒᆞᆫ줄、아디못ᄒᆞ리、업거니와、엄의、편、
친척의、ᄂᆞᆯᄃᆞ려ᄂᆞᆫ、능히、분별ᄒᆞ야、념녀ᄒᆞᆯ
쟈、져、그나라、엄의、편、친척을、능히、념녀티、
아니ᄒᆞᆫ즉、여러ᄃᆡ、인친의、됴홈、구즘애、셔
ᄅᆞ、거리셔디、아니ᄒᆞ여、경ᄉᆞ、과、됴문애、셔
ᄅᆞ、못ᄃᆡ、아ᄂᆞᆯ、줄을、조차、가히、알니로다、이
런즉、엄의、편을、듕히、아니녀기ᄂᆞᆫ、쟈ᄂᆞᆫ、그、
엄의게、효、지아니오、여러ᄃᆡ、인친을、듕히、

아니티기ᄂᆞᆫ 쟈ᄂᆞᆫ 그 조샹을 공경티 아니ᄒᆞᆷ이라 녯적애 셩인엣 님금이 몸애 어딜며 올ᄒᆞᆫ 일을 힝ᄒᆞ야 ᄒᆞ시고 ᄯᅩ 벼슬을 세오며 스승을 두샤 그 동셩애 권당이 잇ᄂᆞᆫ다ᄉᆞ로 동셩 화목ᄒᆞᆫ 기로 ᄡᅥ ᄀᆞᄅᆞ치시며 그 이셩애 권당이 잇ᄂᆞᆫ다ᄉᆞ로 이셩을 ᄉᆞ랑ᄒᆞᆫ 기로 ᄡᅥ ᄀᆞᄅᆞ치시니 ᄡᅥ ᄒᆞ되 ᄒᆞᆫ갓 ᄀᆞᄅᆞ칠만 ᄒᆞᆷ이 혹 좃디 아닐가 ᄒᆞᆫ 샤이에 화목디 아니ᄒᆞ며 ᄉᆞ랑티 아니ᄒᆞᄂᆞ니ᄅᆞᆯ 다ᄉᆞ릴 형벌을 두어 계시니 그런즉 친쳑ᄉᆞ

량ᄒᆞ、ᄯᅩ되、셩인엣님금이듕히녀기신배
니、가히、두터이아뎜즉ᄒᆞ나、모시、란、글에
닐오되、버외조아자바을보니염이겨신
ᄃᆞᆺᄒᆞ도다ᄒᆞ고、ᄯᅩ、글오되ᄒᆞᆫ인ᄉᆞ인고로、
녀、인ᄂᆞᆫ고티、나아오라ᄒᆞ도다

二 恤鄰里 二

由親以及踈故以恤鄰里次之

家之有鄰伊猶衆木之成林然後可以蔽
風雨也羅 孟子、曰鄉田同井伊出入相友
爲旀守望相助爲旀疾病厓相扶持爲伊羅古周禮

余伊五家厓為比爲也使之相保爲旀五比厓為閭爲也使之相愛爲旀四閭厓為族爲也使之相葬爲旀五族厓為黨爲也使之相救爲旀五黨厓為州爲也使之相周爲旀五州厓為鄉爲也使之相賓爲尼蓋欲使民奴懽欣交通而成和睦之俗也羅貧而睦鄰則有無乙可以相濟也旀富以睦鄰則緩急厓可以相援也尼世有不恤鄰里爲也或因財物相交而至鬪訟爲旀或因妻子唇吻而至忿爭爲也以致情意乖離爲旀血脉不貫爲也一遇禍患則鄰里

坐視而不知敎 爲飛尼 盡其平日 厓 不知睦
鄰之道也 羅 語云德不孤 伊羅 必有鄰 伊羅爲豆
多

휼닌리

친ᄒᆞᆫ 나ᄅᆞᆯ 말미암아 베셩권ᄃᆡ 밋 나
니 이려모로 이옷과 ᄆᆞᄋᆞᆯ 사ᄅᆞᆷ들로
기ᄅᆞᆯ ᄢᅦ버거을 삼노라
집의 이옷이 이시미 여려 남기 수플이 인ᄒᆞ
예 샤가히 ᄢᅵ ᄇᆞ람과 비를 ᄀᆞ리홈ᄀᆞᄐᆞᆫ디
라 뎡지 감셩인이 날ᄋᆞ시되 사뇨고 올밧

틔、호우믈、사ᄅᆞᆷ이나며들매서르、벗ᄒᆞ여
딕희여ᄇᆞ라매서르、도※소、여쳥환애서르、
부디、ᄒᆞᆫ다ᄒᆞ시고、쥬례라ᄒᆞᆫ글에호되집
다ᄉᆞᆺ시、ᄒᆞᆫ、이오지되야、ᄒᆞ여곰、서르、보젼
케ᄒᆞ、여이옷、다ᄉᆞᆺ시、ᄒᆞᆫ、ᄆᆞ올이되야、ᄒᆞ여
곰、서르、ᄉᆞ랑케ᄒᆞ여ᄆᆞ올녀희ᄒᆞᆫ、우뎐이
되야、ᄒᆞ여곰서르、영장케ᄒᆞ여우뎐다ᄉᆞᆺ
시、ᄒᆞᆫ당이、되야ᄒᆞ여곰서르、구완케ᄒᆞ며
당、다ᄉᆞᆺ시、져근、됴올히、되야、ᄒᆞ여곰、서르、
돌보게ᄒᆞ여져근、됴올、다ᄉᆞᆺ시、ᄒᆞᆫ、고올

히、되야ᄒᆞᆫ 여곰、셔ᄅᆞ、거쳔케、ᄒᆞ니、대개、ᄒᆞᆫ
디、ᄇᆡᆨ셩으로、ᄒᆞᆫ 여곰、즐겨、셔ᄅᆞ、사피야、화
목ᄒᆞᆫ、풍쇽이、일파、ᄯᅡᄒᆞᆷ이라가、난코、이오
즐、화목ᄒᆞᆫ즉、이시며、쉽ᄂᆞᆫ 거ᄉᆞᆯ、가히、ᄡᅥ셔
ᄅᆞ、권티여、가옴 멀고、이오 즐、화목ᄒᆞᆫ즉、느
즈며、곱ᄒᆞᆫ 일을、가히、ᄡᅥ셔ᄅᆞ、구완ᄒᆞ니、녜
샹사ᄅᆞᆷ이、이웃과、ᄆᆞ올을、돌보디 아니ᄒᆞ
야、혹 지믈、셔ᄅᆞ、밧고、믈인ᄒᆞ야、ᄡᅡ화、용ᄉᆞ
애、ᄅᆞᆯᄒᆞ며、혹 쳐ᄌᆞ의、입ᄡᅵᆫ、말을、인ᄒᆞ야、분
내야、뭇롬애、널으라、이셔、버ᄠᅳ디에거셔、

벙을며긔믹이、어우디、아니키를、닐의혀、
ᄒᆞᆫ번、화환을、만난즉、이옷파ᄆᆞ올사름이、
안자셔、볼만ᄒᆞ고、구완티、아니ᄒᆞᄂᆞ니대
개、졔、샹시예、이옷화목홀도리를、아디못
ᄒᆞᆫ、다시라、논에、라ᄒᆞᄂᆞᆫ글에、닐ᄋᆞ되、착ᄒᆞᆫ
뎍은、외롭디、아닌디라、반ᄃᆞ시、이오지잇
다ᄒᆞ도다、

十三 愼交友

欲進其德 必資朋友故 以愼交友 次
之

友也者 隱 友其德也 尼 自天子 奴 至於庶人 伊 莫不資友 以成其德也 羅 是故 以進德言之則有切磋之益 爲古 以修業言之則有匡正之功 爲古 以行事言之則導其所當爲而輔其所不及 尼 故人之大倫 有五而朋友居其一焉 伊尼 自堯舜之爲君 果 伊傳周召之爲臣 伊 皆不能一日無友 尼 世教既衰 爲也 君臣父子夫婦長幼 伊 鮮由其道 乎末 皆爲無賢師友以輔導之故也 羅 雖然 有君子之友 爲旀 有小人之友 爲尼 君子之

友則薰陶漸染爲也 以成其善爲古 小人之友
則薰陶漸染爲也 以成其惡爲飛尼 此朋友之
所當慎也羅 慎也者隱 擇其善者而從之
爲古 不善者而遠之尼 語云代 友直友諒友
多聞益矣五 友便辟友善柔友便佞損矣
羅爲豆多

신교우

제 덕을 나아가고쟈 ᄒᆞᆯ딘대 반ᄃᆞ시
벗을 힘니버ᄒᆞ리니 그러모로 벗사
피기 삼가모로 배 버거르ᄂᆞᆫ 삼노라

벗이라 ᄒᆞᆫ 노쟈 ᄂᆞᆫ 그、덕을 벗홈이니 편ᄌᆞ
로 ᄇᆞᆺ티、녜 슷사ᄅᆞᆷ에、니ᄅᆞ히、벗을、함니 버、
벼、그、덕을、이로디、아니라、업슨 더라、이려
모로、덕에、나아 갈일로、벼니룬 즉、다ᄃᆞ 마
ᄉᆞᆯ ᄃᆞᆺ、ᄒᆞᆫ 도 옴이、잇고、업을、닥기로、벼니룬
즉고 뎌、바ᄅᆞᆫ、게、ᄒᆞᆫ 노ᄂᆞᆫ 공이、잇고、일을、힝ᄒᆞ、
기로、벼ᄂᆞᆯ 온즉、그、맛당ᄒᆞᆫ 바ᄅᆞᆯ、인도 ᄒᆞ고、
그、밋디 못ᄒᆞᄂᆞᆫ 바ᄅᆞᆯ、도 옴이니、이러 모로、
사ᄅᆞᆷ의、큰、ᄒᆞᆫ 긔 다ᄉᆞᆺ시、이시매、벗이、그、ᄒᆞᆫ
나희、참예 ᄒᆞᆫ 이라、요와、슌이라、ᄒᆞᆫ 실셩인

엣、님금됨과、이윤과、부열과、쥬공과、쇼공이라、ᄒᆞ시ᄂᆞᆫ모든어、딘사ᄅᆞᆷ、신하된이다、능히、ᄒᆞᄂᆞᆫ도、벗이、업ᄃᆡ못ᄒᆞᄂᆞ니、세상애ᄀᆞᄅᆞ치ᄂᆞᆫ되、임의쇠ᄒᆞ야、님금、신하과、아비、아ᄃᆞᆯ과、지아비、지엄이와、ᄌᆞ란이과、어런이、제도리ᄅᆞᆯᄎᆞ졸이、져곰은、다、어던스승과벗이、ᄡᅥ도와인도ᄒᆞ리업ᄉᆞᆫ타시라비록、그려나、어던군ᄌᆞ엣벗이이시여사오나온쇼인엣벗이、이지니、어던벗은、내[illegible]녀도이며、젓치돗、무드러、뼈그、어덜믈이

로고、사오나온벗은、녀[illegible]여도이여저치
듯두드려빼그사모납기를일오ᄂᆞ니이
려모로버들맛당히、삼갈배라삼가단말
은、그어딘쟈들ᄀᆞᆯ희야、ᄎᆞᆽ고、어디더아닌
쟐란멀니홈이니、논에란글에닐오되、
효이를벗ᄒᆞ여、신실ᄒᆞᆫ니를벗ᄒᆞ여、드ᄅᆞᆫ
일이、만ᄒᆞᆫ니를벗ᄒᆞ면니익ᄒᆞ고、편벽ᄒᆞ
너들벗ᄒᆞ며、됴호냥을잘ᄒᆞᄂᆞ니를벗ᄒᆞ
며입에、갈만잘ᄒᆞᄂᆞ니를벗ᄒᆞ면해롭다
ᄒᆞ도다、

待幹僕

進德資於朋友理家擇其幹僕故以
待幹僕次之
夫主之於幹厓庇其家而任之事為古幹之
於主厓仰其食而代其勞為尼飛嚴以經之
則下不敢縱其奸伊西寬以濟之則下伊蒙
覆而懷其惠為尼里故幹必竭心腹而事主
為古主則以財用而資幹為尼飛主幹伊同力
則家道可得而隆也里羅若任之大過為也怵
於間諜之邪言為旀便於居家之安佚為西此

所以尾大不掉為於太阿乙倒持而莫之悟也羅嘻羅強幹弱主為於膂公肥私伊為古今之昭鑑伊尼紀綱之僕伊幾何入哉五里亦在主者之修身寬嚴以待下耳羅故又司馬公曰凡為家長里必謹守禮法為也以御家衆為也分之以職為於授之以事而責其成功伊羅為尼羅

딕간복

딕을나아가기ᄯᆞ벗을힘닙고짐을

다스리기ᄯᆞ고간ᄉᆞᄒᆞᄯᆞ풍을ᄀᆞᆯ할

더니、그려모로、간ᄉᆞ흘ᄌᆞᆷ디졉ᄒᆞ기

로뼈、버거롤삼노라、

그、넘자히、ᄌᆞᆷ의게、그、집을딥ᄑᆞ여、일을마

디ᄑᆞ、ᄌᆞᆷ이、넘자희게、그、밥을우렬여、그、휴

고를갑시、ᄒᆞᄂᆞ니、엽기로、뼈다ᄉᆞ린즉、아

릿사ᄅᆞᆷ이、감히、그、간샤를ᄆᆞ음ᄯᅢ지、못ᄒᆞ

고、판후ᄒᆞ기로、뼈됴키ᄒᆞᆫ즉、알잇사ᄅᆞᆷ이

둣려품을、닙어그、은혜을、싱각ᄒᆞ리니、그

려모로、ᄌᆞᆷ은、반ᄃᆞ시친졍을다ᄒᆞ야넘자

흘셤기고、넘자힌즉ᄎᆡ을ᄯᅳᆯ거ᄉᆞ로、뼈ᄌᆞᆷ

을조뢰케、ᄒᆞᄂᆞ니념자파、죵이、효가지로、
힘ᄡᅳᆫ즉、집안일이、가히시러곰、셩케되리
라、만일、맛티기ᄅᆞᆯ、너무、더나게、ᄒᆞ야ᄉᆞ이
예ᄂᆞ겨、샤곡、ᄒᆞᆫ말을、두려ᄒᆞ여집의시셔、
편안히、놀기ᄅᆞᆯ、됴히녀기、권이난、ᄲᅧᄭᅵ리、
거、드노티、못ᄒᆞ、여、큰、환도을것고로、들어、
출ᄅᆞᆯ、남이、주여도、셔ᄃᆞᆺ더、못ᄒᆞ、난작이라、
슬프다、죵이、세ᄎᆞ고、념가히、약ᄒᆞᆫ여、구의
난、여외ᄭᅩ、ᄉᆞ가ᄯᅩ、솔질이、톄과、이적블근
거울이니、긔강을、ᄎᆞᆺ줄죵이、몃ᄉᆞ롬이리

오、作ᄒᆞᆫ 남자도* 인재 몸에 ᄒᆡᆼ실을 닷가 관후ᄒᆞ여 업ᄒᆞ기로ᄡᅥ 아리 사ᄅᆞᆷ되 졉ᄒᆞ기예인ᄂᆞ니라 그러모로 ᄉᆞ마공이 랄어ᄃᆞᆫ 사ᄅᆞᆷ이 널오ᄃᆡ 믈읫 가댱이 되매 반ᄃᆞ시 삼가 녜과 법을 디킈여 ᄡᅥ 집안 여러 사ᄅᆞᆷ을 졔어ᄒᆞ야 주실로ᄡᅥ 논호여 일로ᄡᅥ 맛뎌 그 공이 로ᄆᆞᆯ 칙망ᄒᆞ라 ᄒᆞ니라

謹喪祭

人倫之道旣明喪祭之禮亦重故以謹喪祭次之

大孝隱 終身慕父母爲飛尼 罔極之恩伊 豈三年之喪矣 足以報哉里五 聖人伊 特爲之中制爲也 不使之過爲彌 不使之不及 故以三年爲節爲尼 時 然而孝子之心厓 未嘗一日忘其親也尼羅 自三年而下厓 有期年之服爲彌 有大功、小功、緦麻之服爲尼 皆別親疎而爲之隆殺耳羅 世之人伊 非惟不知期功之服伊羅 以至居喪三年厓 食稻衣錦乙 無所不爲爲飛尼 此孔子矣 所以責宰予之不仁也四羅 然 世俗伊 送終厓 不務實效爲古 專尚虛文爲也至有崇尚虛無爲旀廣設佛事爲也出殯則幡幢伊蔽路爲旀鐃鼓伊喧天爲也苟徇一時之義觀伊五不思死者之無益爲也因此傾貲喪產爲也貽患子孫者多矣飛尼焉得爲孝乎里五孔子曰禮伊與其奢也奴隱寧儉伊五喪伊與其易也奴隱寧戚伊羅爲時多

근상졔

인륜의도리를임의붉키면상ᄉᆞ과졔ᄉᆞ엣뎨ᄯᅩ효등ᄒᆞ니그려모로상ᄉᆞ와졔ᄉᆞ를삼갈일로ᄡᅥ버거를삼노라.

큰효셩을가진사ᄅᆞᆷ은몸이ᄆᆞᆺ도록부모ᄅᆞᆯᄉᆞ모ᄒᆞᄂᆞ니망극ᄒᆞᆫ은혜엇디삼년몽상의족히ᄡᅧ갑플거시리요셩인이특별히졔도의맛게ᄒᆞ야ᄒᆞ여곰디나디아니케ᄒᆞ며ᄒᆞ여곰밋디못ᄒᆞ도아니케ᄒᆞ고로삼년으로ᄡᅧ졀조을삼으시니그러나효ᄌᆞ의ᄆᆞ음애일즙ᄒᆞᄅᆞ도그어버이ᄅᆞᆯ닛디못ᄒᆞᄂᆞ니라*삼년몽상으로붓터알애긔년복이이시며대공과쇼공과싀마

복이이시나다친ᄒᆞ며칭ᄒᆞ기ᄅᆞᆯ분별ᄒᆞ
야크여젹게ᄒᆞ미라태샹사ᄅᆞᆷ이다몬져
텬파대공복을아더못ᄒᆞᆯ뿐이아니라뼈
몽산삼년애됴ᄒᆞᆫ밥을먹으며됴ᄒᆞᆫ오ᄉᆞᆯ
닙버ᄒᆞᆫ디아닐배업기예니ᄅᆞᄂᆞ니이뇨
공쳐뼈지여라ᄒᆞᄂᆞ뇨태ᄌᆞ을어더디아니
타쑥지ᄌᆞ신배라그러나셰쇽이영장ᄒᆞᆯ
빼예실ᄌᆡ인일을힘쓰디아니ᄒᆞ고오오
로헛빗촐슈샹ᄒᆞ야허무ᄒᆞᆫ일만ᄒᆞ며블
법엣일을딜세베퍼영장을내여갈제긔

파、개를、길히、글히오며징과、붑이하ᄂᆞᆯ헤、
ᄎᆞᆺ두어려진실로ᄒᆞᆯ배보기됴홈을、좃고、
죽은사ᄅᆞᆷ의게무익ᄒᆞᆫ줄을、ᄉᆡᆼ각디、아니
ᄒᆞ야실로、인ᄒᆞ야、ᄌᆞ믈을기오로ᄭᅩ、셰ᄉᆞ
를、일희、환을、ᄌᆞ손의게、기틸재만키예니
ᄅᆞᄂᆞ니、엇디시려곰、효지되리오、공지니
ᄅᆞ시되、녜、그쟈치、ᄒᆞ기로더브러론、ᄎᆞᆯ하
리、검박ᄒᆞ고、상시릴예、만ᄒᆞᆫ기ᄅᆞᆫ더브러
론ᄎᆞᆯ하리、셜의、ᄒᆞᆯ거시라ᄒᆞ시도다、、

重墳墓

安厝宅兆喪祭之大者也故以重墳

墓次之

子孫之於祖宗是猶木之於土也羅土肥
潤則木茂盛爲古土磽燥則木伊枯槁爲旀祖
宗伊安則子孫伊繁衍爲古祖宗伊不安則
子孫伊陵替乎未理必然也尼羅墳墓者隱祖
父之所由歸尼所貴乎有子孫者隱爲其
死而墳墓伊有所托也羅若墳墓乙不守
而與後嗣矣昌榮乎未猶竭其源而望其流
之長伊羅安有此理哉里五昔是后山先生伊

為甄氏為也作思亭記余伊有曰見林木為古思
以為材為旀望榛棘為古思以為薪為旀上丘壟
為也思發其所藏伊羅為尼況所伐墳木伊邦有
常刑為旀搖祖壟乙論同大逆為尼為子孫者
伊常以保墳墓奴為心則祖宗伊安寧於
冥冥之中為旀子孫伊獲福於昭昭之際矣
里羅孝經ㄱ云卜其宅兆而安厝之羅為亘多

듕ᄋ분묘

무덤을편안히ᄒᆞ기ᄂᆞᆫ장졔예큰재
라、그러노로、분묘、듕ᄋ키로、벼비거ᄅᆞᆯ

삼노라.

ᄌᆞ손이 조샹의게 ᄯᅩ 남기 흘게 이십 ᄀᆞᄐᆞ니 흘기 ᄉᆞᆯ지고 윤습ᄒᆞᆫ즉 남기 무셩ᄒᆞ고 ᄯᅡ히 ᄆᆞ외고 ᄆᆞᆯ온즉 남기 이우러 ᄆᆞᄅᆞ며 조샹이 편안ᄒᆞᆫ즉 ᄌᆞ손이 번셩ᄒᆞ야 붓고 조샹이 편안티 아닌즉 ᄌᆞ손이 믈혀티 패홈이 니에 반ᄃᆞ시 그러호디라 분묘ᄯᅩ 조샹과 어버히 말미암아 도라가신 고디니 ᄌᆞ손 잇기를 귀히 너기믄 그 주그 매 분뫼의 탁ᄒᆞᆯ 배 이시 믈위ᄒᆞᆫ 미라 만일 분묘를

디희디아니ᄒᆞ고ᄌᆞ손의셩ᄒᆞ고영화
를ᄇᆞ라믄믈근원을믈리되고그흘ᄋᆞᄂᆞᆫ거
시길ᄊᆡ발암ᄀᆞᆺᄐᆞ니라엇디이러ᄒᆞᆯ니이
시리오녯제후산션ᄉᆡᆼ이라ᄒᆞ리견지라
ᄒᆞᄂᆞᆫ사ᄅᆞᆷ을위ᄒᆞ야ᄉᆞ뎡이라ᄒᆞᄂᆞᆫ집의
글을지어경계ᄒᆞ야ᄀᆞᆯ오되분묘남ᄀᆞᆯ보
고뻐저목삼기을ᄉᆡᆼ각ᄒᆞ며거싀를블아
고뻐블덧기를ᄉᆡᆼ각ᄒᆞ며무텸우희올나
그쇼게티ᄒᆞᆫ보뫼파내기를ᄉᆡᆼ각ᄒᆞ리라
ᄒᆞ니ᄒᆞ믈며분묘남ᄀᆞᆯ버히미나라최덧

텻ᄒᆞᆫ 쳥벌이 이시며 조샹 무덤 폼은 죄목이 역적과 ᄀᆞᆺ티 ᄒᆞ야 시니 ᄌᆞ손 된 재 미샹 분묘 산보ᄒᆞ기로 써 ᄆᆞᄋᆞᆷ을 삼은 즉 조샹 신령이 어두온 가온대 편안ᄒᆞ야 ᄌᆞ손이 ᄇᆞᆰ은 ᄭᅳ틔셔 복을 어들리라 효경이라 ᄒᆞᆫ 글에 닐오되 그 무덤 ᄒᆞᆯ 곳을 점복ᄒᆞ야 편안히 무드라 ᄒᆞ도다

遠淫祀

喪祭墳墓所當謹重諂瀆鬼神則惑矣故以遠淫祀次之

32a

夫祭祀之禮伊各有等差爲也截然而不可紊也尼秦漢以來奴惑於方士爲也以故奴鬼神靈仙虛無恠誕之語伊盛行于世爲旀又謂虛死不靈之鬼羅爲尼豈非識理明義之士伊里五世俗巫禱伊狂妄尤甚爲也祠土神爲旀結會社爲也迎舡躍馬之娛叱跳浪兵械之戲伊往往里不顧禁律爲古群聚年少爲也求福免禍爲也恣爲謟瀆爲飛尼假使多行不義而祭祀伊羅豆神亦不享爲里五誠能順理脩爲爲而不事祈謟伊羅豆神必降福爲里尼

易曰自天佑之伊羅 吉無不利伊羅爲豆多

원음ᄉᆞ

샹졔와분묘ᄂᆞᆫ맛당이삼가ᄃᆞᆼ혀홀ᄲᅡ여나와달은귀신의게아텸ᄒᆞ야덜어이믄미혹ᄒᆞᆫ일이니그리모로음ᄒᆞᆫ졔ᄉᆞ멀니ᄒᆞ모로ᄡᅥ버거ᄅᆞᆯ삼노라

그졔ᄉᆞ엣톄각각차등이이셔굿츤ᄃᆞ시가히어즐어이못ᄒᆞ리니진과한이라ᄒᆞᆫ나라ᄒᆞ로븟다오모로외못션비게혹ᄒᆞ

야시니、이러모로 뻐귀신과、신션이라、ᄒᆞ
ᄂᆞᆫ、허무ᄒᆞ고、괴탄ᄒᆞᆫ、말이、셰샹의、셩히힝、
ᄒᆞ며、또몸시죽어、녕티아니ᄒᆞᆫ、귀신이라、
니ᄅᆞ니、엇디、너ᄅᆞᆯ、알고의ᄅᆞᆯ볽킨、션비아
니리오、셰쇽에、무당비ᄂᆞᆫ거시、맛치고、망
녕되미、더옥심、ᄒᆞ야、ᄲᅡ힛귀신ᄉᆞᆯ、소당ᄒᆞ、
며모희ᄂᆞᆫ、샤단을、밋글아、만ᄂᆞᆫ비、ᄠᅥᆨᄂᆞᆫ믈
의즐김과、병장기로、ᄂᆞᆲ드ᄂᆞᆫ희롱이、무듸
무듸금、ᄒᆞᄂᆞᆫ법을、둘어보디아니ᄒᆞ고、물
이로、저무니ᄅᆞᆯ、모화록을、구ᄒᆞ고、화ᄅᆞᆯ면

ᄒᆞ라 ᄒᆞ야 ᄆᆞ음 ᄉᆞ지 아쳠ᄒᆞ야 빌어이 ᄂᆞ
니 셜ᄉᆞᄒᆞ여곰 몹슬 일을 만히 ᄒᆡᆼᄒᆞ야 졔
ᄉᆞ를 ᄒᆞᆯ디라도 신이 ᄯᅩᄒᆞᆫ 흠향티 아니ᄒᆞᆯ
거시오 진실로 능히 니예 쇼히 조심ᄒᆞ야
ᄒᆞᆫ면 일삼아 빌며 아쳠티 아니ᄒᆞ야도 귀
신이 반ᄃᆞ시 복을 줄이니 쥬역이라 ᄒᆞᆫ 글
에 ᄀᆞᆯ오ᄃᆡ 하ᄂᆞᆯ로 븟터 돕ᄂᆞᆫ디라 길ᄒᆞ야
니 리 아님이 업다 ᄒᆞ도다

務本業

結社迎神又羣聚年少乙故又以務本業次

之乂

古之為民者伊四尼士、農、工、商、伊是也羅

士、勤於學業則可以淑身心、膺爵祿、伊五農

勤於耕稼則可以豐粟穀、免飢寒、伊五工、勤

於技能則可以作什器、易衣食、伊五商勤於

懋遷則可以積貨財通有無尼四者古今

民庶之生業伊羅仰足以事父母伊旀俯足以

育妻子為也樂歲伊余終身飽為古凶年乙免於

死亡為尼里由其務本而不失生業故也羅

世不務此為也乃有游手好閑之徒伊不遵

父母之訓爲旀不顧妻子之養爲也飾其外以恍人爲旀忌其生以徇欲爲也以至博奕於茶房爲旀遊戲於酒肆爲也起滅詞訟爲旀脫賺錢物爲尼飛此等之民隱如無根之木伊旀無源之水羅時和歲豊而猶或可以偷生伊於尼凶年飢歲余伊不相聚爲盜賊爲面轉死於溝壑爲尼飛由其不務本而失生業故也羅孝經云用天之道爲旀因地之利爲也謹身節用爲也以養父母伊此庶人之孝也伊羅爲豆多

무본업

샤단을믜자、귀신을맛노라、무리로、
졈으너를모호니、이러모로、근본엣、
ᄉᆞ업을힘쓰모로、뻐버거를삼노라、
녯적ᄇᆡᆨ셩이라ᄒᆞᆫ工재、네가지니、션비와、
농인과、장인과、댱서이라、션비ᄂᆞᆫ츅업을、
부즈러니ᄒᆞᆫ즉、가히뻐몸과、ᄆᆞ음이어다
려벼술과、녹을엇고、농인은밧가라、시모
기를부즈러니ᄒᆞᆫ즉、가히뻐곡식이강ᄉᆞ
멸어주리여치옴을면ᄒᆞ고、장인이、저조
앳일을부즈러니ᄒᆞᆫ즉、가히뻐온갓그ᄅᆞ

슬、민ᄃᆞ라、옷과、밥을밧고고、당셔무역헷、
ᄒᆞᆼ졍을부ᄌᆞ리니ᄒᆞ죡가、히、뼈、보화엣쳔、
믈을、빠하이시여、업스믈、통ᄒᆞ니、이、네가
지뇨、뎨와、이저모、됴、빅、셩의、살일이、라、우
ᄒᆞ로、쪽히、뼈아、비와、어미를、셤기며、아리
로、쪽히、뼈、겨집과、ᄌᆞ식、을、쳐즐、거온、희예、
몸이、ᄆᆞᆺ도록비블ᄉᆞ고、흉년애、주어、망홈
을면、ᄒᆞ리니、그、근본을힘뼈、살、업을일티、
아니홈을、말미암은、대이라、세상사ᄅᆞᆷ이、
일을힘쓰디、아니ᄒᆞ야、이예손을노로와、

환가지됴히너기됴무리이셔부모의경
계ᄒᆞ야ᄀᆞᄅᆞ치믈좃디아니ᄒᆞ며쳐ᄌᆞ치
기를두려보디아니ᄒᆞ고것출ᄭᅮ며빠자
ᄅᆞᆷ을깃기며ᄉᆡᆼ업을닛고빠욕심을좃차
빠차ᄑᆞ노지뵈가상뉵과바독을ᄒᆞ며술
ᄑᆞ노져자희노라희롱ᄒᆞ야텽장과숑ᄉᆞ
을닐으혀며돈과ᄌᆡ물을일ᄒᆞ며앗기예
너ᄅᆞᄂᆞ니이러ᄐᆞᆺᄒᆞᆫ빅셩은블회업ᄉᆞᆫ나
모와근원업ᄉᆞᆫ믈그ᄐᆞ디라시졀이됴코
희가으멸으야오히려혹가히버계호살

리니、흉년과주리ᄯᅩᆨ히、예ᄂᆞ、서르、모화도적이되디아니면주오려기쳔과굴헝에、들어、죽ᄂᆞ니、그、근본을힘ᄡᅳ디아니ᄒᆞ야、살업을일흔、ᄯᅡ시라、효경이라ᄒᆞᆫ글에닐오되、하ᄂᆞᆯ의도ᄅᆞᆯᄡᅳ며、ᄯᅡ희니ᄅᆞᆯ인ᄒᆞ야、몸을、삼가며、ᄡᅳ기ᄅᆞᆯ졀조ᄒᆞ야、배일로부모ᄅᆞᆯ치미、이거시、범사ᄅᆞᆷ의、효되라ᄒᆞ도다、

收田租

既力能務本又當力田故以收田租

次之 又

夫有租則有役為古有主則有佃為尼飛為主
者隱憂其役之繁為古為佃者隱苦其租之
大重為尼飛主之憂役伊即佃之憂租伊羅佃
租主役伊有關於時政伊如此為尼故曰民
生在勤伊羅勤則不匱為伊羅尼浚其陂塘為旀築
其圍岸為旀利其器用為旀糞其田疇故能使
稻禾奴登場為也上不失公家之賦伊旀下可
以養父母妻子為尼是為主者亦當念佃之
勤勞為也禾、未、熟也至貸穀以輕其息為古禾

既熟也垦平斛以足其額尼亍里不然則終
歲之勤勞奴刈獲之稻禾伊不足以償平
日之逋欠為也今年之苦伊哭甚於去年之
荒矣亍里羅均是人也奴代特積累不同為牂氣有
厚薄伊尼若能栽培壬佃伊面可以悠久為里羅
為人字牧者伊又能憂民之憂為調護元
氣羅沙斯能活民命而壽國脉也伊里羅孟子
曰百畝之田乙勿奪其時伊面八口之家伊
可以無飢矣伊里羅
亣巳至

임의능히 근본을힘쓸진대任ᄒᆞᆫ맛
당이밧틀힘ᄡᅥᆷ즉ᄒᆞ니그러모로밧
소츌거도기로ᄡᅧ버거를삼노라
그밧소츌이어신즉밧구실이잇고밧넘
자히어신즉밧어울이잇ᄂᆞ니밧넘ᄎᆡ흔
그구실만ᄒᆞᆫ믈근심ᄒᆞ고밧어울에ᄂᆞᆫ그
소츌안히드 리믈괴로이너기ᄂᆞ니넘자
희구실근심이곳어울의소츌근심과ᄀᆞ
ᄐᆞ니라어울의소츌파넘자희구실이시
결졍ᄉᆞ애관둥홈이이졋ᄐᆞᆺᄒᆞ니그러모

로、ᄀᆞᆯ오ᄃᆡ、빅셩의、사ᄅᆞᆷ이、부ᄌᆞᆯ언ᄒᆞᆫ기예、
인ᄂᆞᆫ디라、부ᄌᆞᆯ언ᄒᆞᆫ즉、ᄡᅳᆯ것과、먹을셰시、
업디아니타ᄒᆞ니、그、동만、은모ᄉᆞᆯ、츠며그、
두론두텬을、밧아여、그、농장기을、ᄂᆞᆯ나게ᄒᆞᆫ、
며그、밧를、거ᄅᆞᄂᆞᆫ고로、능히벼과、나드로、
ᄒᆞ여곰마당의、올녀우ᄒᆞ로、구잇구실을、
그릇ᄒᆞ디아니ᄒᆞ며아리로、가히、ᄡᅧ부모
와、쳐ᄌᆞ를、치리니、밧남자、되니ᄂᆞᆫᄯᅩᄒᆞᆫ맛
당히、어울의、부ᄌᆞᆯ언ᄒᆞᆫ、슈고을、념녀ᄒᆞ야、
나다、채낙디못ᄒᆞᆫ졔、곡식을、ᄊᆡ워벼、그니

식을 젹게ᄒᆞ고 나디 님의 니 그며 말을 공
평히 되야 ᄲᅧ 그 령ᄒᆞᆫ 수를 ᄎᆞ 게홀대 니그
리아닌즉 ᄒᆡ 못도록 부즐어 나 쥬끄만ᄒᆞᆫ
고 벼과 낫 뷔여거돈 거시 쪽히 ᄢᅧ 이젼모
자라 엽ᄂᆞᆫ 거ᄉᆞᆯ 갑더 못ᄒᆞᆫ야 이 ᄒᆡ 여괴 로
옴이 ᄯᅩ 더난ᄒᆡ 흉황에셔 더 심ᄒᆞᆫ리라 ᄀᆞ
ᄐᆞᆫ 사ᄅᆞᆷ이 ᄯᅩ 되다 ᄅᆞᆫ ᄣᅡ 하ᄃᆞᆫ 거시 ᄀᆞᆺ 더 못
ᄒᆞ여 삼긴 귀운이 두터오며 열ᄅᆞᆷ이 이시
나 만일 능히 렴쥬과 어울이 셔ᄅᆞᆫ 심거 붓
도도ᄃᆞᆺᄒᆞ 면 가히 ᄢᅥ 길고 오래리라 사금

을ᄒᆡ여 칠판원된재 또 능히빅셩의근심을근심ᄒᆞ야빅셩이더살셔강과풍족을표보ᄒᆞ야 앗겨ᄒᆞ야 사이 능히빅셩의목숨을사로며 나랏믹을길게ᄒᆞ리라 밍ᄌᆞ라 출셩인이니ᄅᆞ시되빅못밧틀그 농시을 앗디말면여ᄃᆞᆲ식구사ᄂᆞᆫ집이가히ᄡᅧ주림이업스리라 ᄒᆞ시니라

崇儉朴

田疇爲農家之本 儉約爲立身之本

故以崇儉朴次之

儉者隱不求奢侈之謂五朴音隱不務華
靡之謂尼古之人君伊有卑宮室而惡衣
服者爲旀有惜百金而不作露臺者爲旀有以
青布奴緣寢殿葦簾者爲旀有宮中服御乙
用瓦器者爲尼彼貴爲天子伊旀富有四海奴代
尙且節用伊溫況乎臣庶之家伊禮制有分
限爲旀財産有窮盡而可以僭肆侈靡爲也不
顧其後也哉阿食可飽而不必求珍奇也
伊旀衣可煖而不必尙華麗也伊旀廬可居而
不必務廣大也伊旀吉凶賓嘉厓寧過於儉

而不可過於奢伊旀寧過於嗇而不可過於、豈伊尼如此則一家之所需易足伊旀一歲之所得易給伊羅旣免稱貸擧息伊五又且省事寡過爲也無求於人爲尼里由是奴富者隱可保其富伊五貧者隱可離其貧爲也一家之泰由此而興矣里尼豈不樂哉里五孔子曰以約乙奴失之者鮮矣羅爲時多

슝검박

련조노、집이살、근본이되고、검약은、몸을세올、근본이되니그러모로、검

과、박을슌샹ᄒᆞ모로뻐버거를삼노
라、
검이라ᄒᆞᄂᆞᆫ쟈ᄂᆞᆫ、샤치홈을、구ᄐᆡ아니타、
니ᄅᆞᆫ미오、박이라ᄒᆞᄂᆞᆫ쟈ᄂᆞᆫ、빗나곱기를
힘ᄡᅳ디아니타니ᄅᆞᆷ이니、녯적님금이、집
을、ᄂᆞᆽ게ᄒᆞ고、의복을、사오나이ᄒᆞ시리이
시여、일ᄇᆡᆨ금을、앗겨노디라ᄒᆞᄂᆞᆫ집을、짓
디아닐이、이시여ᄠᅳᆯ로뫼로뻐자ᄂᆞᆫ집、글
발션을、두론이、이시여궁듕애자본거ᄉᆞᆯ、
와거를ᄡᅳ리이시니、려ᄂᆞᆫ、귀ᄒᆞᆫ야、뎐지도

야시며가ᄋᆞ멸어ᄉᆞ치ᄅᆞᆯ두어시되오히
려ᄯᅩᄒᆞᆫ앗겨ᄡᅳ거든ᄒᆞᆫ물며신하과ᄇᆡᆨ셩
의집이녜법과졔되제분에뎡홈이이시
며져물과셰셔궁진홈이잇거든가히ᄲᅥ
촘남히샤치와ᄇᆞᆸ가ᄅᆞᆯᄆᆞ옵ᄡᅧ지ᄒᆞ야그
후일을두려보디아니ᄒᆞᆯ야먹기노가히
블을만ᄒᆞ고반ᄃᆞ시보뫼예긔특ᄒᆞᆫ음식
을구ᄒᆞ라말며넙노거ᄂᆞᆫ가히더올만ᄒᆞ고
반ᄃᆞ시ᄇᆡᆺ나고됴온의복을슝샹티말며
집은가히이실만ᄒᆞ고반ᄃᆞ시넓고크기

를、힘쓰더말며、길과홍과나、가뎌、와알음
다온일애출하리、겁박ᄒᆞ기여더、날더언
령、가히샤치ᄒᆞ기에더나더말여출하리
쟈기예다날더언령、가히、크기、예더나더
말거시니이럿ᄐᆞ시ᄒᆞᆫ즉、ᄒᆞᆫ집의쓰ᄂᆞᆫ배
폭ᄒᆞ기、쉬오며ᄒᆞᆫ희예、어든배덕덕기、쉬
오나라、이뮈빗내야나、삭믈기을연ᄒᆞ고、
任ᄒᆞᆫ일이져그며、허믈이져거늠의게구
홀일이업ᄉᆞ리니、일로、말미암아、부쟈ᄂᆞᆫ
가히、그가ᄉᆞ멸기를다니끄、빈쟈ᄂᆞᆫ가히、

그、가난키를여희여ᄒᆞᆫ집편안코그、기、일
로븟터니러나리니엇더즐겁다아니ᄒᆞ
리오、공저닐ᄋᆞ시되간약ᄒᆞ기로ᄡᅥ그른
재젹다、ᄒᆞ시도다、

懲忿慾

儉約安分之後尤防暴而難制之慾
故以懲忿慾次之

孔子、告子張曰一朝之忿乎忘其身爲也以、
及其親伊非惑歟阿爲時尼大抵爲地隱忿爭之
起伊其端伊甚微而其禍伊甚大爲尼譬如

一星之火伊至於燎原爲旀一綫之流伊至於滔天爲尼飛人能於其初而忍之則事過心清源矣里羅奈何奴世人伊爲血氣所使爲也少見觸忤厓即生忿恨爲旀少見侵凌厓即起爭端爲也其初也厓極口毁人爲尼人亦極口而毁之爲旀其終也厓奮拳毆人爲尼人亦奮拳而毆之爲也卒至俯仰胥吏爲也訴訟於官爲旀拘繫囹圄爲也破蕩家産爲旀仇讎相結爲也展轉報復爲也無有已時爲尼飛靜言思之乎隱代渴若其初厓少忍須臾哉里五孔

子曰小不忍則亂大謀 伊羅爲 時多

딩분노

검약ᄒᆞ야제분을편안히ᄒᆞᆫ후에뎌
욕사오나와제여기어려온노회음
을마그리니그러모로분ᄒᆞ야노호
요믈딩계키로벼버거를삼노라
공저라ᄒᆞ실셩인이ᄌᆞ댱이라ᄒᆞᆯ테ᄌᆞ든
려당부ᄒᆞᆫ셔네큰시되ᄒᆞᆫ큰아ᄎᆞᆷ분ᄒᆞ기
에제몸을나져뼈환이제어버의게밋게
ᄒᆞᆷ이아니미혹ᄒᆞᆫ냐ᄒᆞ시니대뎌ᄒᆞᆫ다분

ᄒᆞ야ᄃᆞ 톰이、나리나미、그、처음이 심히、져
그나그、쇄심히、크나비기 건네、ᄒᆞᆫ별、ᄀᆞᆺᄐᆞᆫ
불이 큰、두뎐을、ᄉᆞᆯ오기 예、니ᄅᆞ며 ᄒᆞᆫ、실ᄀᆞᆺ
ᄐᆞᆫ 믈이、하ᄂᆞᆯ을 ᄌᆞᆷ으기 예 날음 ᄀᆞᆺᄂᆞ니、샤
ᄅᆞᆷ이、눙히、그、처음의、ᄎᆞᆷ은 즉、알이 디나가、
ᄆᆞᅀᆞᆷ 근원이、믈ᄆᆞ리라、엇디ᄒᆞᆫ 고로、셰상
사ᄅᆞᆷ이、혈긔 예、불이 온배 되야 져、기 셜터、
거ᄉᆞᆯ 믈 보매、즉시 분ᄒᆞ야、애ᄃᆞᆯ오 믈、내며、
져기、침노ᄒᆞ야、눙만、ᄒᆞᆫ 믈 보、매 즉시、ᄃᆞᆺᄐᆞᆫ
ᄂᆞᆫ、ᄀᆞᆺᄐᆞᆯ、나ᄀᆞᆺ 혀 그、처음 애、입에 심히、나ᄂᆞ니

대로 사ᄅᆞᆷ을 췌티ᄒᆞ니 뎌 사ᄅᆞᆷ이 ᄯᅩ ᄒᆞᆫ 읍
에 심히 나ᄂᆞᆫ 대조 췌티ᄒᆞ며 그 ᄆᆞᄎᆞᆷ애 주
머리를 ᄢᅢ텨 사ᄅᆞᆷ을 티니 뎌 사ᄅᆞᆷ이 ᄯᅩ ᄒᆞᆫ
주머지를 ᄢᅢ텨 뎌 남ᄌᆞᆼ애 ᄉᆞ령 파아 졀의
게 굼거여 판가와 할아 ᄌᆞᆼᄉᆞᄒᆞ여 옥의 잡
피여 ᄆᆡ이기 예 니ᄅᆞ러 집안 셰ᄉᆞ를 파ᄒᆞ
야 업시ᄒᆞ며 구슈를 서ᄅᆞ 미자 뎐뎐히 갑
고 갑파 ᄀᆞᆺ칠 ᄢᅢ 업ᄂᆞ니 가란이 ᄉᆡᆼ각ᄒᆞᆷ디
엇더 그 처음애 잠간 져기 ᄎᆞᆷ음만 ᄀᆞᆺᄐᆞ리
오 공지 날ᄋᆞᆯ 시 되 처ᄋᆞᆷ 거슬 ᄎᆞᆷ디 못ᄒᆞ즉

큰도모ᄅᆞᆯ어즐어인다ᄒᆞ시다

賑飢荒

處己待人之道旣備又當力行方便以積其德故以賑飢荒次之丸

先儒曰天生五穀隱正救百姓矣飢厄伊五天福富家隱正欲貪富相資尼豊年樂歲余仔論租以取羸爲古倍息以酬券爲尼飛富者伊未必不藉貧者之力也羅蓋同鄕共里之人伊有患難相恤之義爲尼非其宗族伊隱之卽其友舊伊旀非其傭佃伊隱大卽其比鄰

伊尼推此仁心爲也施諸賑濟爲也以我有餘之
粟乙奴貸濟貧乏之民爲面陰則天道之默相
伊五陽則鄕曲之感恩爲尼里此張乖崖美所
以欽報黃承事之兼濟於饒止翁美平價
濟人而諸孫伊擢高第也羅論語曰君子
隱周急伊五不繼富伊羅爲豆多

진긔황

제몸을잘들이사ᄅᆞᆷ디졉ᄒᆞ되임의
ᄆᆞᄌᆞ면ᄯᅩ맛당히열어가지로됴ᄒᆞᆫ
일을힘ᄡᅥ힝ᄒᆞ야ᄡᅥ그어딘덕을ᄡᅡ

휼셔너이、러모로、주려흉황을、진휼

휼일로、뻐버거를삼노라

녯ᄯᅥᆨ、어던션ᄇᆡ 엣사ᄅᆞᆷ이닐오되、하ᄂᆞᆯ히
오곡을、내기ᄂᆞᆫ、졍히ᄇᆡᆨ셩의、줄인、익을구
완ᄒᆞ고、하ᄂᆞᆯ히、가음연집을、복주기ᄂᆞᆫ、졍
히간안ᄒᆞ며、가음연이、서ᄅᆞ도아、살게과
댜、홈이니、풍년파츨거온、희예곡식을지
위뻐길의、를밧고、니식을만히ᄒᆞ야뼈언
약ᄒᆞ야、쓴대로、갑ᄂᆞ니、가음연라ᄅᆞᆷ이、반
ᄃᆞ시、가난ᄒᆞᆫ사ᄅᆞᆷ의힘을、닙디아니、터라

니ᄒᆞ얏ᄂᆞ니라 대개 ᄉᆞᆫ고 올파 ᄒᆞᆫ ᄆᆞ을 사
ᄅᆞᆷ이 환난애 서ᄅᆞ 돌볼의 이리니 세권당
이 아닐던대 꼿제벗파 친ᄒᆞ니며 더블이
와 어울이 아닐던대 꼿제갓가온이오 지
니이 어던ᄆᆞᄋᆞᆷ을 미뢰여 먹여 살오기 예
베퍼내나마 잇ᄯᅩ 조ᄎᆞ로 뻐간 안ᄒᆞ야 업
ᄉᆞᆫ 빅셩을 ᄯᅡ여 살게 ᄒᆞ면 어두온 고련즉
하ᄂᆞᆯ과 귀신이 가만이 돕고 ᄇᆞᆰ근 고단즉
고올과 ᄆᆞ을히 은혜을 감격ᄒᆞ리니 이ᄂᆞᆫ
ᄃᆞᆺ고 애다라 ᄒᆞᄂᆞ 사ᄅᆞᆷ이 배황ᄒᆞᆼ시라 ᄒᆞᆯ이

여러사ᄅᆞᆷ을 살오믈 공경ᄒᆞ야 갑ᄑᆞᆫ 배며 요
지운이라 홀사ᄅᆞᆷ의 풍년과 흉년의 ᄡᆞᆯ갑
ᄉᆞᆯ ᄒᆞᆫ 양으로 ᄒᆞ야 사ᄅᆞᆷ을 살옴으로 모든
ᄌᆞ손이 놉흔 급뎨을 홈이라 논 에라 ᄒᆞᆫ 글
예 ᄂᆞᆯ오되 어딘 군ᄌᆞ ᄯᅩ 급ᄒᆞᆫ 이를 돌보교
가옴연이를 디 주디 아니라 ᄒᆞ도다

積陰德

賑濟由飢饑而行事陰騭乃平日之

存心故以積陰德次之

何謂陰德 古成人之美 爲孫 周人之急 爲孫 救

人於難而不望其報伊是也羅人欲爲善

伊於等我則從吏而成就之爲古人欲向學伊於

等我則指示而開導之爲旀人未遭遇伊於等

我則揄揚而薦擧之厄此之謂成人之義

伊羅飢寒迫切厓分我有餘以助之爲旀死喪

倥偬厓捐己所有以濟之厄此之謂周人

之急伊羅顚擠溝壑者乙可援則援之爲旀困

厄水火者乙可恤則恤之爲旀羅陷獄訟者

乙視其可活則活之厄此之謂救人於難

伊羅外此爲也如設義棨爲旀通津梁爲旀脩道途

為旀貸通乂旀為平糴價旀為施醫藥伊皆陰德
中之一事也羅昔者于公伊平反究獄而
其子為三公古為鄧禹伊陰德在人而其孫
為帝后古為楊寶伊致黃雀之應古為毛寶伊
脣白龜之救伊皆行陰德之報也羅人家
子孫伊所以長享富貴者隱由祖宗矣積
陰德以福之也五人家子孫伊所以長受
貧賤者隱由祖宗乂不積陰德以禍之也
羅易曰積善之家巫必有餘慶五伊積不善
之家巫必有餘殃羅為豆多

젹음덕

진졔ᄂᆞᆫ 긔근을말미암아ᄒᆞᄂᆞᆫ일이오ᄀᆞ마니도으믄이예샹시예ᄆᆞ음을두ᄂᆞᆫ일이니이러모로ᄀᆞ마니ᄒᆞᄂᆞᆫ덕싸흠으로ᄡᅧ버거를삼노라

엇디닐온음덕고ᄂᆞᆷ의아름다옴을일오며ᄂᆞᆷ의급ᄒᆞᆫ믈둘보며ᄂᆞᆷ의어려옴을구졔ᄒᆞ고뎌편이갑기를ᄇᆞ라디아니홈이이라사ᄅᆞᆷ이어던일을ᄒᆞ고져ᄒᆞ거든ᄂᆡ곳좃차권ᄒᆞ야일워되게ᄒᆞ고사ᄅᆞᆷ이ᄒᆞᆨ

엽의향쿄져ᄒᆞᆫ거든내곳ᄀᆞᄅᆞ쳐뵈야열
어인도ᄒᆞ여사ᄅᆞᆷ이될터을만나디못ᄒᆞ
거든내곳들추워쳔거ᄒᆞᆷ이이닐온사ᄅᆞᆷ
의아ᄅᆞᆷ다옴을일옴이라과촬와조치여
절급ᄒᆞ니게나마잇ᄯᅡ거ᄉᆞᆯ논하ᄲᅧ도오
여죽그여상ᄉᆞ애공총ᄒᆞ니애내잇ᄯᅡ바
ᄅᆞᆯ맛려ᄲᅧ구졔ᄒᆞᆷ이이닐온사ᄅᆞᆷ의급ᄒᆞᆫ
거ᄉᆞᆯ둘보미라미쳔과굴형에업려려든
자ᄅᆞᆯ가히구완ᄒᆞ암즉ᄒᆞᆫ즉구완ᄒᆞ며믈
꽈블에끈ᄒᆞ야외본자ᄅᆞᆯ가히둘보암즉

ᄒᆞᆫ즉、둘보며、옥파、용ᄉᆞ애、버무러ᄯᅡ、던쟈
ᄅᆞᆯ그、가히、살암즉ᄒᆞᆫ、믈、본즉、살돔이、이넌
온、사ᄅᆞᆷ을、환난의、구완ᄒᆞᆫ、미라、이밧긔、도、
믈、업슨길희、광도로、이、믈을、두어먹여ᄒᆞ
며、믈ᄊᆞ、들이ᄅᆞᆯ、노ᄒᆞ여、험ᄒᆞᆫ、길ᄒᆞᆯ다、드모
며、빗지어、못ᄒᆞᆫ、거ᄉᆞᆯ、ᄡᅮ요며、프ᄂᆞᆫ、ᄲᆞᆯ、갑ᄉᆞᆯ、
광평히、ᄒᆞ며、병ᄒᆞᆫ의게、의원파、약을、베프
미다、감안ᄒᆞᆫ、뎍ᄒᆞᄂᆞᆫ、가온대ᄒᆞᆫ、가지、일이
라、녯적의、우공이라、ᄒᆞᄂᆞᆫ、판원이、옥에、죄
인사ᄒᆡᆨᄒᆞᆫ、기ᄅᆞᆯ、광평코、쉽게ᄒᆞᆷ으로、그、아

ᄃᆞᆯ이、졍승이、되여、등위라、ᄒᆞᆫ지 샹*은、감안
ᄒᆞᆫ、덕이、열어、사ᄅᆞᆷ의게、이시모로、그、ᄌᆞ손 지、
현ᄌᆞ의、황휘되고、양뵈라、ᄒᆞᆯ 사ᄅᆞᆷ이、ᄂᆞᆸ은
새를、살낫더니、후에、그、새、옥골회을、믈고
와、은혜갑ᄂᆞᆫ응을、닐의고、모뵈라、ᄒᆞᆯ 사ᄅᆞᆷ
이、흰거복을、노핫더니、후에、믈에、ᄡᅡ더매、
그、거복이、빗들어、내야、살게구완홈을、보
니、다、감안ᄒᆞᆫ、덕을、칭ᄒᆞᆫ거슬、갑ᄑᆞ미라、사
ᄅᆞᆷ의、집ᄌᆞ손이、벼기리、부귀를、누리ᄂᆞᆫ、밧
쟈ᄂᆞᆫ、조샹의、음덕을ᄡᅡ하、벼복이、되게ᄒᆞᆫ、

덕이오、사름의 집ᄌᆞ、손이 배기리간난ᄒᆞ
고、쳔ᄒᆞᆫ기ᄅᆞᆯ、맛뇨、밧쟈ᄯᅩ조샹의음덕을、
ᄡᅡ티、아니ᄒᆞ야、배、홰되게ᄒᆞᆫ라시라、쥬역
이라、ᄌᆞᆫ글의、볼오되、어던일을ᄡᅡᄒᆞᆫ 집의、
반ᄃᆞ시、나믄、경ᄉᆡ、잇고、어더다、아니믈ᄊᆡ
ᄒᆞᆫ집의반ᄃᆞ시나믄、앙얼이잇다、ᄒᆞ도다、

正俗諺解終